现代运动训练分析
与常见项目实践指导

张 颖◎著

中国水利水电出版社
www.waterpub.com.cn
·北京·

内 容 提 要

本书对运动训练的基本状况、内容体系、原理原则、手段方法、科学管理等方面进行了研究和分析,在此基础上对一些常见项目的训练实践进行了指导,内容简明而自成体系,可用于运动训练实践指导,对学者进行学术研究也具有一定的价值。在实践指导部分,对田径运动、大小球类运动和其他球类运动、健美操、游泳和传统武术等进行了训练指导。

图书在版编目（ＣＩＰ）数据

现代运动训练分析与常见项目实践指导 / 张颖著
. -- 北京 ： 中国水利水电出版社，2016.9（2022.9重印）
ISBN 978-7-5170-4621-9

Ⅰ．①现… Ⅱ．①张… Ⅲ．①运动训练－研究 Ⅳ.
①G808.1

中国版本图书馆CIP数据核字(2016)第189022号

责任编辑：杨庆川　陈　洁　封面设计：崔　蕾

书　　名	现代运动训练分析与常见项目实践指导 XIANDAI YUNDONG XUNLIAN FENXI YU CHANGJIAN XIANGMU SHIJIAN ZHIDAO
作　　者	张　颖　著
出版发行	中国水利水电出版社
	（北京市海淀区玉渊潭南路 1 号 D 座　100038 ）
	网址：www.waterpub.com.cn
	E-mail : mchannel@263.net（万水）
	sales@mwr.gov.cn
	电话：(010)68545888(营销中心)、82562819（万水）
经　　售	全国各地新华书店和相关出版物销售网点
排　　版	北京鑫海胜蓝数码科技有限公司
印　　刷	天津光之彩印刷有限公司
规　　格	170mm×240mm　16 开本　17 印张　220 千字
版　　次	2016年9月第1版　2022年9月第2次印刷
印　　数	2001-3001册
定　　价	52.00 元

前　言

现代社会,体育运动项目的竞技化、职业化、商业化趋势日益明显,竞技水平突飞猛进,对运动员的竞技能力提出了更高的要求,因此,现代运动训练的重要性也越来越显著。经济社会各方面的不断发展,以及人们体育运动实践的深化进行,促进了运动训练方面理论的革新,一些新的理论和方法不断应用于体育运动训练实践,从而促进了体育运动训练水平的提高。运动员要想提高运动成绩,需要坚持科学的训练理论作指导,促进自身运动能力的不断提升。

我国现阶段竞技运动的发展水平相对较高,并且在国际大赛中取得了良好的成绩。但是,还有一些运动项目成绩并不理想,我国要想提升这些运动项目的水平,需要不断探索、总结和发展运动训练的相关理论,提升运动训练的科学性。因此,笔者撰写了这本《现代运动训练分析与常见项目实践指导》一书。

本书共分八章,对现代运动训练进行了全面分析,并且对一些常见运动项目的实践进行了指导。第一章为现代运动训练概述,对运动训练的基本情况、影响运动训练发展的因素以及运动训练发展的情况等进行了分析;第二章对现代运动训练内容体系进行了研究;第三章对现代运动训练的原理与原则进行了探讨;第四章则对现代运动训练的手段与方法进行了探讨,并对其进行了创新研究;第五章为现代运动训练的科学管理,包括运动训练管理的基本理论、运动训练计划的运用、运动训练的医务监督等方面的内容;第六章至第八章为一些常见运动项目的训练实践指导,分别为田径运动项目、球类运动项目和其他常见运动项目。

　　本书对运动训练的基本状况、内容体系、原理原则、手段方法、科学管理等方面进行了研究和分析,在此基础上对一些常见项目的训练实践进行了指导,内容翔实、全面,可用于运动训练实践指导,对学者进行学术研究也具有一定的参考价值。

　　在撰写过程中,作者参考了多位专家学者的著作和文献,在此表示感谢!本书能够顺利出版,出版社的编辑同志也付出了辛勤劳动,在此一并表示感谢!书中如有不妥之处,欢迎读者批评指正。

作者

2016 年 6 月

目 录

第一章 现代运动训练概述

竞技体育作为体育运动的重要内容,近年来得到了较为迅速的发展,并且取得了一定的成绩。这与运动训练有着不可分割的联系。可以说,运动训练是竞技体育的重要组成部分,其将提高运动水平作为主要目的。因此,对现代运动训练进行进一步研究,能够有效促进竞技体育的进一步发展。本章主要对运动训练的基本概况、影响因素以及发展情况进行分析和阐述。

第一节 运动训练的基本概况

一、运动训练的概念

以教练员和运动员为主体,在各方面人员的积极参与下,为全面提高运动员的竞技能力,创造优异运动成绩,争取比赛胜利而专门组织的一种准备性的体育教育过程,就是所谓的"运动训练"。从一般意义上来说,"训练"的原意为教导、练习,指为提高某种机能,掌握某种技能而进行的反复练习的过程。而在运动训练中,"训练"则指为提高竞技运动能力和运动成绩而专门进行的一种体育实践活动,运动训练是对人的运动能力的改造和提高的过程。

运动训练有广义和狭义之分,其中,从广义上来说,就是传统的运动训练观点,主要指与教练员有关的、在运动场上从事的各种教练活动。而从广义上来说,现代运动训练则将与提高运动技术水平和运动成绩有关的所有过程均称之为运动训练,运动训练为提高和保持运动成绩的一切因素和措施的总和。由此可见，运动训练不仅指运动场上的身体性练习活动，也指包括运动员选材、组织管理、运动竞赛、生活管理，心理、智力和思想教育活动，以及恢复和营养等一切与提高和保持运动成绩有关的全过程。这个过程不仅有教练员和运动员参加，还有科研人员、管理人员及后勤保证人员等与此全过程有关的各方面的人员参与。从某种程度上来说，这一从广义上对运动训练的认识，是根据现代训练的特点所形成的对运动训练的一种全方位的、全新的理解。狭义运动训练为广义的运动训练的核心，从事运动训练实践，既要考虑狭义运动训练，即影响运动成绩的直接因素外，也要顾及影响运动成绩的训练以外的因素，从而对运动训练的全过程进行全方位的调控。

运动训练对于竞技体育和竞技运动有着非常重要的作用和意义，它们之间有着非常紧密的关系，不仅是一种从属性、层次性关系，还表现为以下几方面的内在联系：第一，运动训练安排和要求在很大程度上都是以各个竞技运动项目的特点和竞赛规则的要求为依据的；第二，运动训练的成果只在运动竞赛中才能最有效地表现出来，而运动竞赛的特定条件和气氛又为创造高水平运动成绩提供了平时训练中难以具备的良好的应激刺激条件；第三，只有在正式比赛中表现出来的运动成绩才能得到社会的承认；第四，竞技体育发展使运动训练项目和内容更加多样化，使训练方法和手段更加丰富。

二、运动训练的特点

运动训练自身有着较为显著的特点，这些特点能够在一定程度上体现出其本质，具体来说，主要表现在以下几个方面。

（一）有着专一的训练目标和多向的训练任务

运动训练的目的主要是创造优异运动成绩，因此，训练目标上具有专一性,以及训练项目、内容上有专门性是其主要体现。随着现代竞技运动的快速发展,比赛竞争越来越激烈,对运动员各种能力要求也相应地越来越高。事实上运动员难以同时在不同性质的项目上都达到世界先进水平,究其原因,主要是由于每一个运动项目对人体运动能力都有特殊要求,也因此必须在全面训练的基础上以不同训练阶段及运动专项的特殊要求为主要依据来采用各种手段发展专项特殊需要的运动能力。这一点对于高水平运动员训练来说尤为重要。在运动训练中,虽然各运动项目及内容具有专门性,但是,对于有利于专项运动能力提高的其他项目的训练内容和手段并没有出现排斥的现象,而是要认真分析各种内容和手段对提高专项运动能力的作用,包括直接作用、间接作用、长期作用、短期作用等。由此可以看出,都要以不同项目的特点和不同训练阶段的具体任务为主要依据来进行有针对性的选择和运用。因此,运动项目、内容的专门性不仅是指专项本身,也是从运动训练目的和可能性上来讲的。

虽然运动训练有明显的专项的专一性,但具体训练任务方面却是多向性的。运动训练的任务有训练因素方面的训练任务和非训练因素方面的训练任务之分。但是,不管是哪一种任务,都要通过科学有效的运动训练来完成任务。

（二）有着复杂的训练内容和多样的训练方法与手段

运动训练功能和任务是多样的,训练过程是复杂的,同样,复杂性的特点也在运动训练内容方面得到体现,因而与此相适应的训练方法与手段也丰富多彩。由此看来,现代训练中对训练内容、方法和手段的优选就显得非常重要。

运动训练手段、方法多样,而每种手段方法对于人体作用都较为特殊。在运动训练的不同阶段、不同时期,训练要解决的具体任务并不相同。这种具体任务的多样性就从很大程度上对训练手段内容的多样性起到了重要的决定性作用。运动训练以身体练习为基本手段,要提高运动能力,那么就必须进行各种身体练习。而在具体的训练实践中,不仅要以不同任务为主要依据来有针对性地选择运用最有效的手段和方法以达到提高训练效果的目的,同时,还要采用多种手段、方法达到同一目的,从而使运动员的兴趣得到有效的提高,并且使其能够更加主动、自觉、积极地参与到运动训练中去。

（三）训练安排有着较强的科学性与计划性

现代体育竞赛日趋激烈,胜负之间差距非常小。要想获得胜利,就必须通过各种科学的训练理论、方法和手段尽可能地去获得哪怕微小的优势,否则达不到取胜这一最终目的。现代训练是一个高度科学化的实践活动过程,运动竞赛慢慢会演变成各个国家科技水平的竞赛。现代训练的科学化水平越来越高,其科学性主要体现在运动训练的计划中,教练员、运动员实施训练以训练计划为依据,没有计划的训练,不过是一种盲目散漫的训练;但是有计划而安排不科学,也难以达到最高的训练成效。因此,运动训练安排的科学性和计划性是取得理想训练效果的重要保障。

（四）有着长期的训练过程和系统的训练安排

运动能力提高过程是运动员有机体对训练刺激产生适应并由量变到质变的过程,这是本质上的一种体现。在运动训练中,没有长时间量的积累,就不会有质的变化和提高。运动训练,想要培养出优秀运动员并使其创造优异运动成绩,必须有多年的系统训练。尽管不同的运动项目要达到优异运动成绩所需的训练时间有所差别,但是从整体上看,大多数项目要达到这一目的所需要进行系统训练的时间往往都是十年左右。而在这个长期的训练过程中,须对影响训练的多种因素加以长期系统的科学控制,并通过阶段目标实现来促使预期总目标的实现。

（五）参与训练的个体性与训练安排的针对性

运动训练中,运动员基本都以个体为单位参与,在个体参与的基础上然后才形成群体间的协调配合。所以运动员个体的机能和运动状态就十分重要。在运动训练中,对运动技术水平的提高、优异运动成绩的取得起到重要的决定性作用的因素有很多,其中,比较主要的有运动员个体的形态、机能、运动素质,还有技战术掌握程度和心理发展水平等方面。运动员个体间在这些方面有很大差异,所以运动训练中要利用、发挥每一名运动员的优势,弥补不足,必须从每一名运动员的实际状况出发,用各种有效的手段和方法有针对性地进行科学训练。如此才能使训练刺激更有成效地作用于运动员,使运动员的各种能力得到提高。运动训练过程要重视区别对待,其反映在训练目的任务的确定、内容手段的选择、方法的应用以及负荷大小的安排等方面。只有针对性强的训练刺激,才会将运动员的潜力最大限度地挖掘和发挥出来,从而使运动员的训练水平得到有效的提高。但是这里要强调的是,针对性并不是否认群体训练中特定的训练过程和时间,练习形式、内容、方法安排上的一致性。

（六）有着极限的训练负荷和应激的负荷安排

现代运动训练负荷越来越大,有超越运动专项需求的趋势,因而对运动员的训练要求也越来越高。一般来说,运动训练要求将人体机能的潜力最大限度地发挥出来,人体运动能力的提高是人体适应能力的提高。想要提高人体适应能力,那么就必须最大限度地通过各种运动应激刺激作用于运动员机体,若是没有最大限度的运动应激刺激,不将运动负荷推到最高应激水平,就难以最大限度地提高人体对运动训练和比赛的适应能力,也不能使运动成绩达到最高水平。只有运动员具有承受高水平负荷的能力,才能拥有高水平的运动成绩。专项运动成绩实际是运动员对专项负荷强度的承受能力,而承受负荷强度的能力越高,显然运动成绩就越好,反之就越差。也就是训练中运动员不能承担大负荷乃至极限负荷的训练的话,就不可能成为一名优秀的运动员。因而在运动训练中就要求以机能适应规律为主要依据逐渐加大运动负荷直至最大负荷,从而保证运动负荷的适宜性和增加的科学性。

（七）训练效果的表现性与表现方式的差异性

运动训练的效果主要是指运动成绩提升与否。训练的效果以及通过训练提高的运动技术水平和成绩的表现形式主要是比赛。一般来说,在正式比赛中表现出来,才会得到社会的认可。而且,要明白只有在最重大比赛中创造出优异运动成绩才最有意义,才能将竞技运动的社会价值充分发挥出来。在运动训练中,既要着眼于运动员竞技能力的培养与提高,又要加强培养运动员的比赛能力。以争取把平时通过训练已经具有的运动能力在最重大的比赛中表现出来。换句话说,就是在运动训练的过程中既要着眼于竞技能力的提高,又要根据长期、近期参加比赛的安排,进行科学的训练。运动成绩要通过一定方式表现,但是,由于不同运动项目的比赛方式不同,因此其运动成绩的表现方式也各不相同,有的用功率指标表现,有的用比分表现,也有的用评分方式表现。这些表现形式都有十分严格的规则和制约条件。

三、运动训练的目的和任务

（一）运动训练的目的

运动训练目的主要是通过长期系统的科学训练,提高运动员的竞技能力和竞技运动技能水平,使运动员创造优异成绩,为国家、团体和个人争取荣誉,满足社会发展及个人成长的需要。

（二）运动训练的任务

运动训练的任务主要有以下几个方面。

（1）以专项需要为依据来改善运动员身体形态,提高各器官系统机能,发展基本运动素质与专项运动素质。除此之外,还要增进运动员的健康水平,对运动员的伤病起到有效的预防和治疗作用。

（2）使运动员专项运动技战术技能水平得到有效提高,并且使之达到高度熟练和运用自如的程度。除此之外,还要使运动员比赛能力和对各种外界环境的适应能力以及应变能力也得到相应的提高。

（3）对运动员优秀的心理素质和坚韧不拔、吃苦耐劳的精神,以及勇敢顽强的意志品质进行有针对性的培养。另外,还要对运动员的心理状态进行适当的调节。

（4）对运动医务监督、运动营养等理论知识进行熟练掌握,同时,还要对运动员自我训练和自我保健的能力进行培养。

（5）要对运动员进行政治思想教育,对运动员的爱国热情和努力进取的精神以及良好的道德品质和行为规范进行积极的培养,促使运动员养成文明礼貌的行为习惯和优良的运动道德作风。

四、运动训练的因素、过程与结构

运动训练过程是由众多因素构成的,可以说,这是一个非常复杂的过程,训练全过程中各种训练结构都有共同的规律,共同的构成因素。但这些因素在训练的组成部分中又有不同的结合方式。“运动训练因素”是影响训练全过程的各组成部分功能的主要的内部和外部条件。下面就对运动训练的相关因素、过程以及结构进行分析和阐述。

（一）训练因素

通过对现代运动训练的全面分析,可以得知,对运动训练产生影响的各种内外部因素主要有训练因素、教学因素、教育因素、比赛因素、信息因素、组织管理因素和卫生保健因素等诸多方面,具体如表 1–1 所示[①]。

表 1–1　运动训练的基本因素及其功能与表现

因素类别	主要功能	具体表现
训练因素	发展体能	提高体质、素质、机能、形态
教学因素	发展技能、智能	提高文化知识,专业理论知识,技术、战术、独立训练能力和比赛能力等
教育因素	提高思想作风和心理能力	提高政治思想水平、道德作风、意志品质、心理能力和自控能力等
比赛因素	提高比赛能力	提高比赛经验、应变能力,发挥原有水平能力和自我激励能力等
信息因素	信息保证	运动员状态的科学诊断,多学科综合研究,建立信息、情报系统,训练理论建设等
组织管理因素	组织管理、后勤保证	训练体制改革;运动队建设与管理;运动人才与教练人才的选拔、培养、输送和合理流动;场地器材建设和管理、经费管理等
卫生保健因素	增进健康、恢复与激发体力	伙食、营养、药物与身体恢复;卫生保健、伤病治疗和生活管理等

只有对上述几个因素进行全面综合的考虑和设计,才能够对运动训练过程起到良好的调控作用,进而才能取得满意的训练效果。以上诸多因素并非孤立存在,而是相互联系在一起的。总体看各因素应以训练因素为主,其他因素为辅。但训练各个具体过程中,依据不同的训练阶段、不同的训练任务及不同运动员的不同特点,训练重点也应该相应地有所转移。如儿童少年时期的训

---

① 体育院校成人教育协作组《运动训练学》教材编写组.运动训练学 [M].北京:人民体育出版社,1999.

练应以教学因素为主,掌握和提高基本技术和基本战术;而到了青成年训练时期应以训练因素为主,当运动员体能水平较高而技能水平不高时应由以训练因素为主转为以教学因素为主,努力提高运动员的技能水平。

（二）训练过程

运动训练是一个长时间的过程,其是反映培养优秀运动人才的体育教育和体育实践活动过程。该过程是由很多的基本过程构成的,主要包括各训练单元、训练课、训练日、训练周、训练阶段、训练年和多年训练等,并按训练状态的诊断、训练目标的确定、训练控制模型的建立、训练计划的制定、训练计划的实施和训练过程的反馈监控等训练控制程序进行调控。

（三）训练结构

结构是指系统内各局部环节之间的相互联系、相互结合的方式。运动训练结构,则指由训练过程中的各个组成部分之间较为完整和相对稳定的结合方式,其反映训练全过程中各个组成部分之间的内在联系。

训练过程的完整性是建立在一定的、最优化的结构基础上的,而且各组成部分之间表现出规律性、连贯性、长期性的联系。其联系具体表现在训练内容各要素之间的相互迁移关系和训练过程中各组成部分间纵向系统连贯性上。

第二节 影响运动训练发展的因素分析

运动训练发展受到很多因素的影响,其中,最为主要的有运动员、教练员、训练、社会等方面的因素,下面就对这几个方面的因素进行分析和阐述。

一、运动员因素

运动员方面的因素主要涉及身体素质、身体条件、心理能力以及运动智能几个方面,具体如下。

(一)身体素质

运动员的身体素质是其从事运动的基本运动能力,是从事竞技运动的运动基础。通常情况下,运动员的体能发展水平主要取决于其身体形态、身体机能、运动素质等方面的发展状况。运动员的运动能力与其身体素质的潜力发挥具有重要作用,不同的竞技体育运动对运动员的形体发展具有非常严格的要求,这在选材中十分突出,因此,身体素质会对运动员的运动训练潜力的发展产生一定的影响。

(二)身体条件

身体条件是运动员训练的基础之一,对运动员的训练有重要的影响作用。一般来说,身体条件的好坏主要取决于生理特点、身体健康状况、身体形态以及伤病情况几个方面。

(1)生理特点。运动员的生理特点同样影响训练,尤其是女运动员,运动量、负荷、强度、内容、手段和方法要符合其生理特点,在女运动员月经期的训练更要特别重视。

(2)身体健康状况。身体健康状况良好是运动员承受大运动量和高运动负荷训练的基础。

(3)身体形态。身体形态会随着年龄的增长而有所改变,因此,训练要有针对性,要符合运动员的年龄特点。

(4)伤病情况。运动员的伤病对训练有重要的影响,伤病会导致运动员不能参加正常训练,对运动成绩的提高产生一定的阻碍作用。

（三）心理能力

运动员的心理能力是指其与训练竞赛有关的个性心理特征，以及根据训练和竞赛的需要把握和调整心理活动的能力。运动员的心理能力在运动训练中起着重要的作用。一般来说，良好的心理能力能够有效提高运动训练的效果，而良好的心理能力主要表现在以下几个方面。

第一，稳定的心理状态。运动员的心理状态能最集中地反映运动员当前的心理活动特点和状况，是最直接地影响其运动训练效果的因素，对于运动员的训练活动、形成赛前最佳竞技状态、在比赛中发挥出最高水平起着重要作用。

第二，自信心。自信是运动员在训练和比赛中完成动作的基础。

第三，心理调控能力。良好的心理调控能力是运动员自我意识发展成熟的重要标志。运动员的心理调控主要是自我意识的控制。

（四）运动智能

运动智能是运动员总体竞技能力的重要组成部分，它包括体育运动在内的多学科知识，包括运动训练和运动比赛的能力。运动智能是在一般智能的基础上形成的。较高的运动智能对于运动员更深刻地把握专项竞技特点和规律、认识和体验训练理论和训练方法、理解先进的运动技术、掌握运动技巧起到一定的帮助。

一般来说，竞技运动运动员的智能专项特点主要在以下几个方面得到体现。

（1）敏锐的观察力。竞技运动是技能主导类项目，观察力敏锐的运动员学习动作和技术快，对动作和技术的掌握程度高，有助于缩短教程，提高训练质量。

（2）良好的记忆力。良好的记忆力能帮助运动员在训练中更快地记住所要掌握的技术动作和要领,缩短动作达到自动化的时间,在较短的训练时间内提高动作质量。

(3)较强的理解力。主要体现在对复杂动作规律和技术要点的理解方面。

(4)高超的模仿力。模仿力在运动训练中发挥着很大的作用,是运动员学习动作技术的基础。

(5)顽强的意志品质。运动员必须具备顽强的意志品质,才能在训练中战胜自身的惰性和各种困难,不断提高自己的运动技术水平。

二、教练员因素

教练员方面的因素主要涉及道德情操、知识、素质和条件几个方面,这些方面会对训练过程和训练结果产生直接的影响,具体分析如下。

(一)自身条件

教练员的自身条件是对运动训练产生重要影响的一个因素,主要包括教练员的年龄、性别、性格、健康状况等内容。这些因素在训练实践中会对运动员产生一定的无形的影响,如与运动员的沟通、对运动员积极性的启发和调动、对各种社会力量的借用等。

(二)理论知识

教练员对理论知识的掌握是否系统、全面,会对运动员的训练过程产生直接的影响。教练员需要掌握的理论知识主要有运动训练基本理论知识、运动训练社会学科知识以及思维科学知识和工具学科知识。

(1)运动训练基本理论知识。科学的运动训练是运动员竞技能力发展和运动成绩提高的重要基础和前提,而教练员的基本任务是指导竞技运动训练,因此,教练员必须充分掌握包括运动训练学在内的多学科知识(如运动生理学、运动医学、运动生物化学、运动心理学、运动营养学等),提高运动训练的科学化水平。

(2)运动训练社会学科知识。运动训练的对象是人,人具有社会属性,因此,体育教育学、体育社会学、行为科学、管理科学等社会学科知识也会影响教练员对运动训练的组织和安排。

(3)思维科学知识(如哲学、逻辑学等)和工具学科知识(如体育统计学、数学、外语等)也会对运动训练产生影响。

(三)专业素养

竞技运动教练员需要具备的专业素养主要包括运动专业知识、专业技术水平和训练经验三方面内容。运动训练是一个系统的实践过程,高水平的运动训练需要教练员依托于专业知识进行科学创造和创新。而教练员自身的技术水平则会直接影响其对技术的讲解和示范效果。此外,丰富的实践训练经验是教练员的宝贵执教财富,其对运动训练的影响是非常显而易见的,会对运动员的训练质量产生直接的影响。因此,进一步提高教练员的专业素养是非常重要且必要的。

系统训练的过程是在教练员的组织和领导下进行的。就当前状况而言,我国有一部分的教练员都主要来源于刚刚毕业的大学生,在运动经历和带队经验方面较为缺乏,这对运动训练的开展起着严重的制约作用。因此,要想尽快提高教练员的执教水平,必须加强教练员的培养。一般来说,教练员必须具备的素质主要包括以下几个方面:精通裁判规则,强烈的敬业精神和科研意识,以敏锐的目光追踪国内外训练理论、方法、技术发展的新动向,钻研科学训练的方法,获取国内外大量最新信息的本领,不断地提高自己的业务水平。

(四)事业心和奉献精神

教练员的工作非常艰苦,为了使运动员在训练和比赛中达到完美,需要教练员多年如一日地全神贯注于枯燥单调的训练工作。因此,强烈的事业心、无私的奉献精神及高尚的道德情操,是一名合格教练员所必备的素质,教练员的这些素质会对运动员的日常训练产生较为深远的影响。从某种程度上来说,教练员的事业心和奉献精神是首先要考虑的重要因素。

（五）创新意识

创新是竞技体育运动的灵魂和生命力所在,从某种程度上讲,教练员的创新意识会对运动训练水平产生较大的影响。一个具有丰富想象力、创造性和活跃思维的教练员,其复合难度动作的创新、训练方法的创新都会对运动员的运动训练产生积极的推动作用。

三、训练因素

训练方面的因素主要涉及两个方面,一个是训练理论指导,一个是训练的系统性安排,具体如下。

（一）训练理论指导

当前,科技发展速度非常快,在这个快节奏的社会中,体育运动中每个项目的发展都需要有关该项目的科学的理论研究做基础。从目前的形势来看,我国训练理论研究方面存在着一些急需解决的问题,其中,较为主要的有:研究明显不足,也不够深入,而且没有涉及广泛的理论层面,文献法、观察法以及资料调查法等是主要的理论研究方法,没有别的创新研究方法,研究内容多是系统中大范围的研究,并没有针对训练内容、方法、计划与管理等展开详细的研究。

不管是何种体育运动项目,只有进行科学的训练才有利于在比赛中良好成绩的取得。但是,从有关调查中发现,我国大多数运动队在训练中并没有制定科学的训练计划。教练员对训练计划没有高度重视,这样的训练表现出盲目的倾向。这就要求有针对性地改善和解决这些情况,从而促进运动训练的进一步发展。

（二）训练的系统性安排

保证在竞赛中取得良好的成绩是运动员训练的主要目的。从相关的调查研究中可以发现,在某项运动项目的运动训练中,我国一些运动队有很大一部分是在得到有关比赛的消息后才开始对运动员的竞技水平进行训练。然而,突发性的训练又将各种问题反映了出来。其中,较为常见的问题有:训练时间不足,某项训练上花费过多的时间,运动员的专项身体素质训练没有引起足够的重视。由此可以看出,我国还未成熟地开展运动训练,许多运动队的训练都是为了应付比赛而采取的突击训练,这样一来,就使得我国运动训练的系统性和连续性较为缺乏,这对于我国高水平运动员的培养是极为不利的。

四、社会因素

对运动训练的发展产生影响的社会因素主要包括两个方面:一个是领导的重视程度,一个是场地设备,具体如下。

（一）领导的重视程度

领导的重视程度,往往会在一定程度上对一个运动项目开展的好坏起到重要的决定性作用。领导作为一个决策者,如果能够积极听取教练员和运动员的建议和意见,并积极地组织有关部门参与到训练与比赛工作之中,采取有效的措施解决训练与比赛中遇到的各种难题,这样对于运动的开展和普及起着非常重要的促进作用。就目前状况来说,我国各训练队现有的训练条件大都不够理想,主要表现为:场地器材过于陈旧,教练员的福利待遇不高,付出与回报相差太大,体育专项经费远远不能满足运动训练的需要等。鉴于这种情况,作为相关部门的领导应该引起高度的重视,将自己应有的积极促进作用充分发挥出来,从而使上述问题得到有效的解决。

（二）场地设备

场地设备是运动训练的客观物质条件,也是影响运动训练的客观因素之一。一般来说,好的场地设备能够保证运动员不受客观条件的干扰,对于运动员以最好的状态投入训练是较为有利的,相反,如果场地设备条件不理想,那么运动员不仅无法取得理想的运动成绩,还有可能造成不必要的损伤。

第三节　运动训练发展的情况分析

一、运动训练发展的现状分析

科学、有序的运动训练能够将运动员的运动潜力充分挖掘出来,同时,还能够有效培养和提高运动员的各项身体素质,为运动员竞技水平的发挥提供保证,促进其取得优异的比赛成绩。

近年来,运动训练得到了一定的发展,并且取得了一定的成果,但是不可否认的是,其中也存在着诸多问题需要改进,这些问题对我国运动训练的进一步发展产生着严重的制约作用。下面就对这些较为显著的问题进行分析和阐述。

（一）运动训练思路的合理性较为欠缺

训练思路是训练工作的指导思想,是对于训练规律的认识。运动训练思路方面存在的核心问题在于"对运动成绩本质的理解和对训练工作的设计以及对训练过程的控制"。训练思路的正确与否,会对训练工作产生重大的影响。

目前,在训练界,没有哪一种训练理论是终极的,是真正抓住运动心理的本质规律的理性认识,然而传统训练理论的"思维范式"使得众多的教练员忽视和搁置其他先进训练理论。不得不承认,导致现代运动训练存在问题的原因有很多,其中,训练思路的不合理是产生这些问题的重要因素,这对我国运动训练的发展有一定的阻碍作用,因此,教练员和相关学者必须加大对运动训练的研究力度,还要借鉴国外的经验,取其精华,去其糟粕。只有这样才能重新建立更加全面、完善、系统的训练思路,才能对运动训练的不断进步产生积极的促进作用。

（二）运动训练的理论研究存在着局限性

目前,我国运动训练理论研究的局限性主要在两个方面得到体现:一方面是对运动训练的概念还没有清晰的认识;另一方面是没有建立起一个完善的运动训练理论与实践体系。

在运动训练中,体能是运动员竞技能力的主导和核心,对激烈比赛的胜负起着重要的决定性因素。因此,对运动训练进行研究自然包括对运动员体能的研究,我国运动训练的研究主要集中,而且局限于该方面,对心理训练、智力训练涉及较少。当前的体能训练研究主要包括以下三方面的内容:第一,对运动员体能构成的分类研究;第二,对运动员体能水平综合表现的指标构成的研究;第三,从运动员的整体竞技能力结构出发,对运动员体能的总体宏观研究。

运动训练的上述研究将对人体发展规律的重视突出了出来,对于体能专项训练的科学化是较为有利的,但这些研究将体能看作一个整体,很少涉及其对专项运动成绩的影响,研究中对构成体能水平的具体指标对运动员运动成绩的影响研究也非常少。对于运动水平较高的运动员来讲缺乏体能水平理论与方法指导研究。由此可以看出,我国运动训练研究的整体理论与方法体系还需要进一步的完善。

（三）运动训练的理论认识不足

运动训练涉及面广，与众多其他学科有着较为紧密的联系，对运动训练理论认识的不足主要在我国运动训练方面的教练员缺乏综合性的专业知识方面得到较为显著的体现，具体来说，运动训练具有综合性，但我国运动训练的教练组成相对单一，综合性不足，不具有运动生理学、运动心理学、运动医学、物理治疗等多方面的专业知识，直接导致了我国运动训练教练员对体能理论知识的认识的片面性，从而对我国运动训练体系的认识和训练水平的提高以及该学科的发展产生一定的限制作用。

现阶段，我国体育科研对运动训练方面的内容涉及较少，运动训练研究与运动训练实践相脱节，运动训练教练员大多由田径教练员担任，他们对运动训练的知识和概念理解认识不够。运动训练的重要影响因素和内容要求教练员必须具备全面的知识和理论认知。但就目前我国运动训练的发展现状来看，大多数教练员的理论认识都存在这样或那样的不足。因此，这就要求尽可能地有针对性地改善这一状况，从而降低其对运动训练发展的制约作用。

（四）运动训练的理论指导较为缺乏

理论能够在一定程度上指导实践的进行，教练员用反映运动训练规律的有关理论来对学生的头脑进行积极的指导，能使学生自觉地遵从训练的基本规律进行训练，这不仅有助于运动员掌握技能、提高技战术水平，还有助于运动实践能力的提高。但在当前的运动训练中，这方面却存在着一定的问题，即一方面强调对运动训练理论的研究，另一方面理论研究成果置之一边没有真正应用到运动实践中去。比如，当前教练员在组织和实施开展训练时，采用的程序往往是，教练员首先对相应运动项目的技术与战术进行讲解，然后组织运动员参与训练，训练期间运动员与教练员进行的交流较少或没有成效。这种理论与实践相脱离的现状很难使运动员获得良好的训练效益,运动员通过训练来提高技战术水平的效果不是很明显。因此,建立科学的运动训练理论指导是非常有必要的。

（五）运动训练内容没有得到恰当的安排

通过对我国运动训练现状的调查研究发现,运动训练中一般运动训练与专项运动训练安排不合理的问题普遍存在,具体来说,其主要在两个方面得到较为显著的体现。一方面,初级运动员的运动训练,过早地运用成年运动员的训练方法和手段,专项训练比例和强度过大,致使运动员的训练出现"早期专项化";另一方面,高水平运动员的高级训练,对运动员的高强度专项能力训练不够重视,但对于高水平运动员来说,完整和高强度的专项训练尤其重要。进入高水平训练阶段后,运动员成绩的提高很大程度上依靠"体能"的改善来实现,当前的运动训练内容安排的不当直接导致高水平运动员难以有显著的成绩突破,竞技能力"可塑空间"逐渐减少,只能停滞在当前的专项体能水平上,更有甚者会出现倒退现象。

运动训练中的一般与专项运动训练的内容没有得到恰当的安排,与运动员的生理发育规律相违背,使得训练的系统性遭到了破坏,专项化、个体化和高强度的训练难以实现,运动员难以再获得专项能力的提高,这就会对运动员的运动生涯发展产生非常不利的影响。

（六）运动训练方法的科学性有待提高

人体系统的复杂性决定了人体运动训练的训练方法也必然是"复杂的适应系统",而且运动是发展着的,并非一成不变。因此,训练方法与运动成绩息息相关,二者就像一个函数,训练方法(自变量)的正确与否,往往能够在运动成绩(因变量)上得到反映。

目前,对于训练方法的多变和与运动员阶段训练的适应性的问题,我国众多体育职能部门和教练员并没有意识到,他们很少对训练方法进行考究、反思,如果与实践愿望相违背,只会反复强调加大训练强度和延长训练时间,如果训练效果仍然不如人意就将"失败"归罪于"人种论"。我国体育行政部门始终抱着以传统训练理论为"科学训练理论"的想法,严格规范并加以推广,长期以来从未改进过训练方法,运动训练方法与训练实践严重脱节。这也是运动训练的成果不尽如人意的重要原因所在。

（七）运动训练人才培养的完善程度不够

相较于竞技强国来说,我国运动训练人才相对缺乏,人才培养不完善是一个不争的事实,也是我国现代运动训练存在的一个突出问题。

就我国体育运动发展现状来说,运动人才的培养主要是依靠高等体育院校以及综合大学的体育专业,而针对运动训练方向的专门人才培养来说,健全的培训计划相对缺乏,运动训练人才培养体系不完善,具体主要从以下三个方面得到体现:第一,运动训练的后备人才、教练员和相应教材较为缺乏;第二,理论体系和实践操作环节较为缺乏,且教法千篇一律;第三,运动训练研究的实验室或运动训练中心较为缺乏。这几个方面致使我国未来运动训练缺乏必要的专业人才队伍,对我国运动训练的可持续发展产生了严重的制约作用。

二、运动训练发展的趋势分析

通过对运动训练发展现状的分析,能够对其发展的趋势进行一定的总结和预测。具体来说,当前运动训练发展的趋势主要表现在以下几个方面。

（一）科学化程度越来越高

随着现代科技的不断发展,现代体育科技也得到了丰富,对体育运动实践发挥着越来越重要的作用。

充分利用各种科学技术，能在训练实践中对运动员的训练产生积极的指导和促进作用。如利用生理、生化指标控制运动量和运动强度、利用先进测试仪器评价运动员在训练中的机能状况和身体素质水平、利用高速三维摄影仪分析运动员的技术动作等，都在不同程度上对运动员运动技术水平的提高起到积极的促进作用。由此可以看出，训练的科学化程度越来越高是现代运动训练的一个重要发展趋势。

（二）专项化程度越来越高

现代竞技运动的不断发展对运动训练科学化程度的不断加深起到积极的促进作用，运动训练呈现出专项化程度越来越高的趋势。由于不同的运动项目对运动员的运动专项体能素质要求不同，传统的枯燥、简单的田径场训练和杠铃练习正在不断减少，现阶段，多样的高度专项化训练方法不断出现，这也是运动训练未来的重要发展趋势之一，要引起重视。

（三）周期化趋势越来越显著

运动训练周期化趋势越来越显著主要表现在以下两个方面。

第一，现代运动训练的训练周期概念被更新，重视全年训练的多周期理论。现阶段，传统的全年双周期训练模式被打破，准备期运动训练减少，专项训练成分增加；训练负荷不断增大，并且突出专项强度。

第二，由于比赛数量的大幅增加，越来越多的运动员和教练员开始重视以赛带练，以此来促进运动员竞技水平的不断提高。

（四）训练方法逐渐趋于多样化

我国运动员和教练员在运动训练方面积累了丰富的经验，因此，他们总结了多种多样的训练方法来指导运动训练，这也是运动训练方法日益多样化发展趋势的主要原因所在。现代体育发展和提高运动员的体能，以"速度"和"力量"为核心，对实效性、运动员的特长发挥的重视程度也越来越高，传统科学运动训练方法得到了保存，同时电刺激法、计算机训练法等新的训练方法因高科技手段的引进在运动训练中得到了应用，新的训练方法与传统的训练方法相结合，使得运动训练更加科学、有效，正因如此，才促使了运动员能不断突破极限创造更优异的运动成绩。

（五）对以赛带练的重视程度逐渐提高

通过利用竞赛的杠杆作用，以赛促练，是运动训练中提高运动员竞技水平的重要发展趋势，因此要对此引起高度的重视。随着现代体育赛事的不断增多，运动员必须始终保持较高的竞技水平以参加各种不同的比赛，因此，现代运动训练中重视以赛代练的发展趋势越来越显著。

第二章　现代运动训练内容体系研究

运动训练过程中要根据运动项目的特点、运动员的训练水平、不同训练阶段的目的与任务来对运动训练内容进行科学合理地安排,以确保良好训练效果的取得。现代运动训练的内容体系中包括体能训练、技战术训练、心智能力训练以及思想政治教育,对运动员展开这几方面的训练,能够促进其竞技能力的全面提高,使其在竞赛中取得良好的成绩。本章就现代运动训练内容体系中的技战术训练、体能训练、心理能力训练以及心智能力训练展开具体研究,旨在为运动员的全面训练提供科学的指导。

第一节　技战术训练

一、技术训练

（一）技术能力概述

"技术能力"指的是运动员按照一定的技术要求完成动作的能力。如果运动员拥有高水平的技术能力,其运动技巧自然就会形成。也就是说,运动员熟练掌握技术动作之后,就能够形成稳固的动力定型,从而可以自如地运用技术动作。运动员形成运动技巧后,其技术动作就会表现出动作连贯、流畅,有意识地支配肌肉活动的成分减少等特征。运动员在动作完成的效果上集中注意力,完成动作的特殊感觉就会因此而形成,这一感觉会使运动员有意识地对动作进行调节和控制,提高动作的稳定性,保障动作的合理性与有效性,从而使动作表现轻松自如、协调流畅、优美自然。

（二）技术训练的实施

实质而言,技术训练的过程就是对技术信息进行传递的过程。信息的输出者是教练员,其在技术训练过程中主要发挥的作用是传递和调控;信息的输入者是运动员,其是信息的接受者。然而,技术训练的主体始终都是运动员,如果只有教练员的指导而运动员不做任何努力,有效的信息传递不可能顺利实现。同时,教练员又要对信息进行不断的接收、采集和反馈,这样才能保障技术信息传递的通畅性,才能促进技术训练效果的提高。技术训练实施过程的主要工作有以下几方面。

1. 熟悉信息源

在技术训练实施之前,运动员必须对技术动作进行深入的研究与分析,对信息源加以了解与熟悉,对技术要领进行明确,将技术的关键、难点和重点确定下来。在技术训练过程中,教练员也要注意以运动员的实际情况为根据,不断及时地发现问题,并提出解决问题的具体办法。

2. 建立动作表象

技术训练正式实施的第一步就是对正确的动作表象进行建立。运动员动作表象的建立不仅要依赖教练员的讲解与示范,要观察其他优秀运动员的技术表演或录像等,还要靠自身的感觉来对技术动作要领进行体会,对自己的肌肉活动进行控制与调整,使身体运动与技术规格要求相符。所以,在技术训练中,教练员一方面要用讲解、示范等方法将技术信息传输给运动员;另一方面还要对运动员进行及时的提醒与科学的引导,使其对身体的内部信息进行感知与运用,这样才能帮助运动员正确运动表象的快速建立。

3. 反复练习

运动员对技术动作加以掌握的一个基本途径就是反复练习。动作技术表现为运动员操纵自己的身体去完成某一动作,这就决定了训练方法的性质,即只有运动员对技术动作进行反复的练习,才能对技术动作加以掌握。然而,运动员参与技术训练,完成身体运动,并不是简单地像机械一样重复运动,而是积极主动地投入其中,发挥自身的主观能动性,这样才能保障良好训练效果的实现。所以,运动员在练习中和练习后都要开动脑筋,积极思维,主动体验、想象与回忆技术动作,通过脑体结合来熟练地对运动技术动作加以掌握。

4. 发挥指导作用

在技术训练中,作为技术信息的输出者,教练员的重要性是有目共睹的,教练员的正确指导是运动员获得技术信息的重要保障。

二、战术训练

（一）战术能力概述

运动员在战术运用方面所表现出来的综合能力就是所谓的战术能力。影响运动员战术能力形成的因素有很多,如体能、技能、智能水平等。此外,运动员的战术观也是直接影响其战术能力形成与高低的主要因素。"战术观"指的是人们对竞赛战术概念、战术价值、战术原理与规律、战术内容的认识,并由此而形成的对其战术思维与战术行为造成影响的立场、观点和方法。教练员与运动员的知识水平、认知特点、思维方式以及比赛经验等都会影响战术观的形成。

（二）战术训练的方法

战术训练应当以比赛的具体要求和具体项目技战术发展趋势为依据来进行。战术训练的实施，就是对运动员进行合理组织，将体能和技术特长充分发挥出来，将主动性最大限度地调动起来，促进队员之间协调配合能力的不断强化，使运动员能在比赛战术中对协调配合方法进行灵活运用。运动员的战术能力主要可以通过以下几种方法来进行训练。

1. 降低难度训练

降低难度训练的方法主要有减少对抗因素和强度，简化条件和要求，降低技术动作难度，甚至是进行战术分解练习等。这一训练法适合在战术训练初期采用。等运动员在训练初期对战术形式基本掌握后，就要通过增加训练难度和要求来继续训练了。

2. 增加难度训练

增加难度训练就是使运动员在复杂与困难的环境下训练，这个环境一定要比竞赛环境与条件更为复杂，更为艰难。增加训练条件的复杂度与难度，主要是为了使运动员可以对高强度对抗和紧张激烈的比赛氛围快速加以适应，可以在比赛过程中面对场上不断变化的形势灵活运用技战术，从而获得良好的比赛成绩。增加难度训练的方法能够有效提高运动员战术运用能力。

3. 战术模拟训练

按照比赛条件、对手实力、对方技战术水平以及战术风格等具体情况开展战术模拟训练，可以使运动员对战术的运用更具有针对性。例如，在比赛开始前对对手的各方面情况进行充分了解，按照对方特点和本方实际能力对战术方案和作战计划进行有针对性的制定，并模拟对手实施模拟训练。

4. 实战模拟训练

实战模拟训练就是通过组织教学比赛、邀请赛等进行实战训练,通过实战演练来对运动员的战术配合能力进行检验。这一训练方法能够使运动员对战术意图有更加深刻的理解,对战术技能的掌握更加熟练,从而更合理、更有效地运用具体战术。

总的来说,运动员战术能力的训练方法有很多,这些方法既可以单一使用,也可以综合运用。无论在训练过程中采用哪种方法,都必须注意战术的实用性。

第二节　体能训练

一、体能训练概述

(一)体能训练的概念

体能是指有机体在先天遗传的基础上,通过后天训练而获得的在形态结构、功能和调节方面及其在物质能量的贮存与转移方面所具有的潜在能力以及与外界环境相结合所表现出来的综合运动能力。体能训练是指通过结合专项需要和合理负荷的动作练习,促进运动员身体形态的改善,促进运动员机体各器官系统的机能提高,促进运动素质的充分发展,不断提高运动成绩的过程。

(二)体能训练的基本原则

1.系统性原则

系统性原则指的是运动员在参加体能训练的过程中,通过体能发展的内在规律对自己的训练过程做出一个科学合理的规划,并且长期不间断地进行训练。

在整个训练的过程中,坚持系统性训练原则要求做到以下两点:一是要对整个训练过程进行系统规划;二是对训练过程中不同发展阶段的体能训练从各个方面做出系统安排,包括内容、方式、训练负荷以及比重等方面的安排。由于人的生长发育在不同时期具有不均衡性的特点,因此,在运动训练中尤其是在青少年时期以及训练到达高水平阶段后,更应该注意综合考虑训练的系统性。具体来说,在青少年时期运动员的运动素质处于发展的敏感时期,为了使训练效果达到最佳状态,这一时期就更应该采取相应的训练内容进行针对性的训练,对运动员的运动素质进行更充分的挖掘,从而为取得高水平的成绩奠定基础。当运动员拥有良好的训练能力并取得优异的比赛成绩后,其有机体形态、机能的改造等各方面都已经趋于完善,运动素质也就处于相对稳定的状态,那么此时就应该考虑进一步发展的可能性。

2. 全面性原则

全面性原则指的是在发展专项运动技能的前提下,全面安排和充分发展运动员的各项运动素质,通过体能训练使运动员各方面都得到全面而和谐的发展,即全面发展运动员的身体形态、身体机能、身体素质以及心理、智能素质。

在体能训练的过程中,遵循全面性原则的主要依据如下。

首先,拥有高水平专项运动技术的基本前提和基础就是要广泛而全面地发展运动素质,全面提高身体机能能力。

其次,人体各器官系统的机能是相互影响、相互制约的。因此,身体任何局部机能的提高对机体其他部位机能的改善都能够起到一定程度的促进作用。不同的训练内容和方法在一定程度上对身体机能方面有着不同的促进作用,同时也有着一定的局限性。因此,为了使身体得到全面、协调的发展,一定要科学选择训练方法,尤其是在训练的开始阶段,而且所选的训练方法要有利于运动员运动素质的全面发展,这样才能保证运动员的运动素质满足其所从事的运动项目的技术与战术技能对其在形态与机能能力方面提出的更高要求。

最后,由于各运动素质的发展是相互影响、相互制约的,因此,在训练的早期全面提高运动素质是取得良好运动成绩的必要条件。只有达到一定的基础,运动素质与技能才能实现更好的转移。

专项运动素质与技能的发展建立在一般运动素质的基础之上,只有进行全方位的安排才能更好地创造这种条件与可能,使专项所需要的一切得到充分发展。需要特别注意的是,促进运动员运动素质的全面发展并不意味着把体能训练的时间无限增加,把其他训练的时间缩短。在运动员经过一段时间的体能训练后,其运动素质会有所提高,运动水平也有了加强,这时就需要加强对其专项运动素质的训练。在体能训练过程中,对运动员体能进行全面训练有利于调节运动员的专项训练。也就是说,进行全面的体能训练能够一定程度上减少高度专项化训练的枯燥感,使运动员的训练兴趣得到提高。

3. 个性化原则

个性化原则指的是在确定训练目的、选择运动项目、安排运动时间和运动负荷时,要将运动员个人和外界环境条件的实际情况作为主要的参考依据,结合运动员的个体差异,因人而异地安排训练。

运动训练中,个性化原则是人们进行体能训练的根本要素,一定程度上对训练效果起着决定性作用。坚持个性化原则实际上也就是要求在进行体能训练时,一切从实际出发,有针对性地进行训练,具体必须做到以下三点。

第一,要将体能训练的目的确定为"提高专项成绩和技术水平"。

第二,要将运动员的主观需要和客观条件以及专项需要作为依据,对体能训练的内容和负荷进行合理安排。

第三,为达到提高运动技术水平的目的,要使运动员的运动素质得到平衡发展。

4.自觉积极原则

自觉性原则指的是对于已设定的行为目标,运动员采取的一种主动性行为。

体能训练实际上也是运动员克服自身惰性,战胜各种困难,下定决心通过自我训练达到完善自身目的的一个过程。在这个过程中,运动员还能够养成良好的运动习惯。在体能训练的过程中,运动员只有养成自觉的训练习惯而不是被动参与训练,才能在获得愉快运动训练体验的同时,取得良好的训练效果。

二、体能训练的常见手段

（一）力量素质训练的常见手段

1.颈部力量素质训练

颈部力量素质训练主要包括静力性对抗训练和负重训练两种,其具体的训练手段主要有以下几种。

（1）头手倒立

头手倒立的主要目的是发展颈部肌肉力量。要求练习者在墙壁前,缓慢屈臂成头手倒立,两手主要起维持平衡的作用,两脚轻轻靠放在墙壁上,以头支撑体重,坚持尽可能长的时间。

（2）背桥练习

背桥练习时,以脚和头着地支撑于地面,采用仰卧或俯卧姿势,腰腹部向上挺起,两手置于胸腹部,使身体反弓成"桥"或腹部向下,以额头（或头顶）和脚趾支撑于地面,臀部上提成"桥"。

（3）双人对抗

两人一组,同伴站在练习者身后,将合适的带子或毛巾围在练习者的前额,同伴一手拉住毛巾两端,一手扶在练习者的肩胛部,肘关节伸展。练习者两脚站稳,上体固定,向前向下低头,对抗同伴向后拉毛巾的力量。牵拉头部的带子或毛巾可以围在练习者头的前、后、左、右不同部位,使练习者从不同方向进行对抗练习,使颈部肌肉得到全方位的训练。

2. 肩部力量素质训练

(1)颈前推举

颈前推举主要是发展三角肌前束和斜方肌的肌力。具体可采用直立姿势或坐姿,两手握杠铃同肩宽,握杠于锁骨处,手臂垂直向上伸直推起。

(2)颈后推举

颈后推举的主要目的是发展三角肌后束、冈上肌和肱三头肌的肌力。训练动作为两手握杠铃,约同肩宽,垂直上举至手臂伸直。

(3)头上推举

头上推举主要是发展三角肌、斜方肌、肱三头肌和前锯肌等肌群的力量素质。两脚自然站立,约同肩宽。两手正握杠铃,握距同肩宽,提铃至胸,将杠铃快速推举至头上方,慢慢返回原位。

3. 臂部力量素质训练

臂部力量素质训练不仅能使运动员拥有强壮有力的前臂肌群,有利于健美体形的塑造,有利于握力、支撑力和完成各种训练动作的能力的有效提高,还有利于增强机体各部位的肌肉力量。

(1)仰卧撑

仰卧撑训练主要用于发展肱三头肌、三角肌、背阔肌等的力量素质。训练方法为仰卧,两臂伸直,撑在约 50 厘米高的台上,屈臂,背部贴近高台,然后快速推起两臂伸直,连续做 10～15 次。

(2)坐姿弯举

坐姿弯举主要用于发展肱二头肌的力量及前臂肌群力量。两腿自然分开,坐在凳端,一手握哑铃,另一手掌置于持哑铃手侧的膝关节上部,握哑铃的手臂充分伸展,将肘关节的上部置于膝关节处另一侧的手背上,上臂固定,慢速屈肘至胸前,然后再有控制地下放哑铃成预备姿势,反复训练。

（3）坐姿腕屈伸

坐姿腕屈伸的主要目的是发展手腕肌肉群力量。训练方法是坐于长凳上，双脚置于地面，双脚间距略宽于肩，上体前倾，把前臂放于大腿或长凳上，正握杠铃，腕关节被动屈曲；向后弯举腕关节；还原成开始姿势，反复练习。

4.胸部力量素质训练

胸部力量训练既有徒手训练也有器械训练。需要注意的是，任何上体的斜板卧推和飞鸟动作都有助于发展胸大肌下部力量，具体训练手段如下。

（1）俯卧撑

俯卧撑主要是发展肱三头肌、胸大肌、三角肌和前锯肌等肌群的力量素质。训练方法为两手间距稍宽于肩，直臂双手俯卧撑地，两腿伸直，两脚并拢，脚趾撑地。两臂力量提高后，可使两脚位于高台上或在背部负重进行练习。

（2）仰卧扩胸

仰卧扩胸的主要目的是发展胸大肌和三角肌的力量。仰卧在垫子或矮凳上，两手持哑铃两臂伸直，与身体成"十"字形。直臂慢速将哑铃举至胸的正上方，然后慢速还原成预备姿势，反复训练。

（3）颈上卧推

颈上卧推主要是发展胸大肌上部、肱三头肌和三角肌的力量素质。练习者可仰卧于卧推架上，可采用宽、中、窄三种握距，手持杠铃或哑铃，先屈臂将其放于颈根部，两肘尽量外展，将杠铃推起至两臂完全伸直。反复训练。

5.腹部力量素质训练

腹部力量素质训练的重点是发展腹外斜肌、腹内斜肌、腹直肌和髂腰肌力量，充分利用腹肌的收缩来缩短骨盆底部至胸骨间的距离，具体训练手段如下。

（1）半仰卧起坐

半仰卧起坐主要是发展腹直肌上部力量。具体训练方法为平躺地上或练习凳上，两手持杠铃片置于头后，两足固定。上体向前上方卷起，同时两膝逐渐弯曲。用力吸气，放松呼气，收缩时停两秒。也可将负重物放在胸前上部进行训练。

（2）仰卧起坐

仰卧起坐主要是发展腹直肌、髂腰肌的力量素质。具体训练方法为仰卧在凳上或斜板上，两足固定，两手抱头，然后屈上体坐起，再还原，一次做 10 ～ 15 个，也可两手于颈后持杠铃片或其他重物负重训练。

（3）仰卧举腿

仰卧举腿主要是发展腹直肌、腹外斜肌和骶棘肌的力量素质。具体训练方法为仰卧于垫子上，两脚并拢两腿伸直，双手置于头后；或仰卧于斜板上，上体位于高端，两手抓握板端，身体伸展。两腿伸直双脚并拢，慢速上举，腿与上体折叠，使脚尖举至头后，然后慢速还原成预备姿势。也可在踝关节处负重训练。

6. 腿部力量素质训练

腿部是机体运动的最重要的部位之一，腿部力量是机体从事其他常见运动项目的基础。腿部力量素质训练手段具体如下。

（1）纵跳

纵跳主要用于发展伸膝和屈足肌群力量及弹跳力。具体训练方法为身穿沙背心，带沙护腿，成半蹲姿势。两脚蹬地起跳，两臂上摆，腿充分蹬伸，头向上顶，缓冲落地手继续做。连续练习 10 ～ 15 次。也可悬挂或标出高度目标，以两手触摸标志线或物体进行练习。

（2）蛙跳

蛙跳主要是发展下肢爆发力及协调用力。训练方法为身穿沙背心，带沙护腿（也可不负重），全蹲。两脚蹬地，腿蹬直向前上方跳起，腾空后挺胸收腹，快速屈腿前摆，以双脚掌落地后不停顿地连续做 6 ~ 10 次。

（3）跳深

跳深主要是发展伸膝、屈足肌群和腹肌的力量素质。练习者先将 5 ~ 8 个高度为 70 ~ 100 厘米的跳箱盖纵向排好，每个跳箱盖横放，间距均为 1 米。练习者面对跳箱盖并腿站立，双脚同时用力跳上跳箱盖，紧接着向下跳，落地后立即又跳上第二个跳箱盖，紧接着向下跳，落地后立即又跳上第三个跳箱盖，连续跳上跳下 20 ~ 30 次。也可在有沙坑的高台处做该练习。

（二）速度素质训练的常见手段

1. 反应速度训练

（1）伙伴组合

根据发出的口令，要求几个人组合在一起，就要几人组成一组，不符合要求的组即为失败。其目的是发展练习者的灵敏素质和反应动作的灵活性。

（2）压臂固定瑞士球

坐在长凳上，保持躯干正直，将一侧手臂侧平举放于球上，将球压住。同伴采用 60% ~ 75% 的力量将球向侧面的各个方面拍，练习者要尽量将球控制住，防止球运动。其目的是发展练习者的肩部和臀部肌群的动作反应速度。

（3）起跑接后蹬跑

采用蹲踞式起跑的方式作为准备姿势，当听到开始的口令后，要迅速起跑接着做后蹬跑 20 米，练习 2 ~ 3 组，每组练习 2 ~ 3 次。练习时，起跑要迅速，并采用正确的后蹬跑技术。

（4）倒退跑接疾跑

当听口令后，开始做倒退跑 5 ~ 10 米，再次听到口令后急停并向前疾跑 10 米，练习 2 ~ 3 组，每组练习 2 ~ 3 次。练习时，倒退跑的过程中，身体不能后仰，疾跑阶段可以采用计时的方式进行。

2.动作速度训练

（1）跨步跳

进行跨步跳时,跳起的高度不能过高,要保持摆动腿平行于地面,跨步跳的步长也应比正常跑进的步长要大,双脚交替起跳和落地。其目的是增加步长,提高踝关节的紧张程度,并使髋伸屈的爆发力和速度提高。在进行练习时,要保证小腿在脚落地的过程中不能前伸,采用主动扒地方式快速落地。

（2）直膝跳深

首先要准备20～30厘米的低跳箱8～10个,并依次横向排列。在练习的过程中,练习者直膝从跳箱上跳下,再迅速跳上下一个纸箱,在跳上纸箱的过程中要保持直膝。其目的是提高踝关节的紧张程度,以及踝关节的动作速度,同时提高踝关节的反应力量。在练习直膝跳深的过程中,要尽量使脚与地面的接触时间缩短,利用踝关节快速完成动作。

（3）连续蛙跳

采用与立定跳远相同的起跳与腾空动作,双脚起跳和落地,并重复进行。其目的是增强下肢的爆发力,提高下肢的动作速度。

3.移动速度训练

（1）直腿跑

脚尖翘起,膝关节伸直跑进。其目的是:增强髋部肌群的力量,提高踝关节肌群的弹性力量,提高动作速度。在练习的过程中,要利用髋部肌群将身体用力向前"拉"动,还要尽可能快地用前脚掌接触地面,缩短接触时间。

（2）原地摆臂

双脚并拢站立,以短跑动作前后摆臂,肘关节弯曲约90°,双手放松。前摆手摆到约肩部高度,后摆手摆到臀部之后。其目的是学习正确的上体姿势,提高摆臂的动作速度。

（3）上坡跑

在坡道上向上跑。其目的是提高跑进时的爆发力和速度力量,使步长增大,提高动作速度。在练习的过程中,要采用3°的坡度来发展最大速度,可以适当增加坡度来发展加速能力。

（4）下坡跑

练习者在下坡跑道上快跑。下坡跑道的坡度范围在3°～7°,不要迈大步。其目的是突破速度的障碍,加快跑动的步频,提高跑进时的最大速度。在练习的过程中要强调最高速度时的动作节奏。

（三）耐力素质训练的常见手段

1. 有氧耐力训练

（1）定时跑

在场地、公路或树林中做定时跑,如时间为 10 ～ 20 分钟或更长。

（2）定时定距跑

在场地或公路上进行定时定距跑,如在 14 ～ 20 分钟内跑3 600 ～ 4 600 米的距离。

（3）重复跑

在跑道上练习,制定重复跑的距离、次数与强度时,要以专项任务与要求为依据。不要在大强度下做此练习,保持较长的跑距。一般重复跑距为 600 米、800 米、1 000 米、1 200 米等。

2. 无氧耐力训练

（1）计时跑

进行短距离的重复计时跑或长距离的计时跑。具体应根据练习者水平及跑距而定,训练强度应结合跑的距离适当调整。重复 4 ～ 8 次,组间间歇 3 ～ 5 分钟。训练强度控制在70% ～ 90%。

（2）短段落间歇跑

以较短的段落进行间歇跑练习,该训练可发展练习者的非乳酸供能无氧耐力。可采用 30 ～ 60 米距离,95% 以上的大强度练习,间歇时间 1 分钟左右,持续时间 10 秒左右。训练中保持高强度,较多的重复次数,组数根据练习者的具体情况而定。

（3）长段落间歇跑

以较长的段落进行间歇跑练习,该训练可发展练习者的非乳酸供能无氧耐力。采用 100 ～ 150 米距离,间歇时间 2 分钟以上。采用 95% 以上的大强度练习,持续时间在 10 秒以上。训练中保持较高的训练强度,重复组数和次数根据练习者的具体情况而定。

3. 混合耐力训练

（1）反复跑

每组反复跑 150 米、250 米、500 米之间距离 4 ～ 5 次。每组练习之间休息约 20 分钟。要求以预定的时间跑完全程,也可以采用专项的 3 / 4 距离进行练习。要求练习者在训练时采用 80% 以上的强度。

（2）间歇快跑

以接近 100% 强度跑完 100 米后,接着慢跑 1 分钟,间歇练习。快慢方式对照组成一组,反复训练 10 ～ 30 组。要求根据练习者实际情况增减和调整训练负荷。训练中要求尽全力完成训练。

（3）短距离重复跑

采用 300 ～ 600 米距离,每次练习强度为 80% ～ 90%,进行反复跑。练习者在训练时,要注意速度分配的准确性,可以采用全程或半程的速度分配计划。

（4）俄式间歇跑

固定练习中,随着训练水平提高逐渐缩短中间休息时间。训练时要求练习者在 400 米练习中,用规定速度跑完 100 米后,休息 20 ～ 30 秒,如此循环反复训练。当练习者的能力可以缩短练习中间休息时间时,调整休息时间为 15 ～ 25 秒。

（5）持续接力

以 100 ～ 200 米的全力跑,每组 4 ～ 5 人轮流接力。要求练习者在训练时注意安全和练习过程中的协调配合,也可以将所有练习者分成若干组进行训练比赛。

（四）柔韧素质训练的常见手段

1.颈部柔韧素质训练

（1）前拉头

在地面上站立(也可在垫子上坐立),双手置于头后并交叉。呼气,拉动头部使之与胸部靠近,下颌与胸部接触。在练习过程中,要向下压双肩膀,保持尽量大的动作幅度,保持10秒左右结束该动作。

（2）侧拉头

在地面上站立(也可在垫子上坐立),左臂的肘部在背后弯曲,从背后用右臂将左臂肘关节抓住。向右拉左臂的肘关节直到过身体中线。呼气,使右耳与右肩紧贴。在练习过程中,要保持尽量大的动作幅度,保持10秒左右结束该动作。

（3）后拉头

在地面上站立(也可在垫子上坐立),慢慢向后仰头,双手置于前额,慢慢将颈部向后拉动。在练习过程中,动作要轻快缓慢,保持10秒左右结束该动作。

（4）仰卧前拉头

膝部弯曲仰卧在地上,双手置于头后并交叉。呼气,拉动头部使之与胸部靠近。在练习过程中,肩胛与地面接触。要保持尽量大的动作幅度,保持10秒左右结束该动作。

（5）团身颈拉伸

身体从仰卧姿势开始举腿团身,头后部和肩部支撑身体重心,双手在膝后将腿抱住。呼气,拉动大腿使之靠近胸部,双膝和小腿前部与地面接触。重复练习。在练习过程中,保持10秒左右结束该动作。

2.胸部柔韧素质训练

（1）跪拉胸

在地面做跪立姿势,向前倾斜身体,双臂前臂在高于头部的位置交叉并将双手放在台子上。呼气,头部和胸部尽量向下沉,直到与地面接触。重复练习。在练习过程中,要保持尽量大的动作幅度,保持10秒左右结束该动作。

（2）开门拉胸

打开一扇门,双脚前后分开站立在门框内,向外伸展双臂肘关节使之与肩齐平。双臂前臂向上,掌心与墙相对。呼气,向前倾身体并对胸部进行拉伸。重复练习。在练习过程中,要保持尽量大的动作幅度,保持10秒左右结束该动作。也可以继续提高双臂,对胸下部进行拉伸。

（3）坐椅胸拉伸

在椅子上坐立,双手交叉于头部后方,椅背的高度与胸的中部齐平。吸气,向后移动双臂,向后仰躯干的上部,将胸部拉伸。在练习过程中,动作要缓慢,保持10秒左右结束该动作。

3.腹部柔韧素质训练

（1）俯卧背弓

在垫上俯卧,膝部弯曲,脚跟移向髋部。吸气,双手将双踝抓住。收缩臀部肌肉,胸部和双膝提起并与垫子分离。重复练习。在练习过程中,要保持尽量大的动作幅度,保持10秒左右结束该动作。

（2）跪立背弓

跪立在垫上,脚尖朝向后面。双手置于臀上部,呈背弓姿势,收缩臀部肌肉送髋。呼气,背弓力度加大,向后仰头,张口,双手慢慢向脚跟滑动。重复练习。在练习过程中,要保持尽量大的动作幅度,保持10秒左右结束该动作。

（3）上体俯卧撑起

俯卧在垫子上,双手掌心朝向下,手指向前置于髋的两侧。

呼气,双臂将上体撑起,向后仰头,呈背弓姿势。重复练习。在练习过程中,要保持尽量大的动作幅度,保持 10 秒左右结束该动作。

4. 背部柔韧素质训练

(1)坐立拉背

在垫子上坐立,稍微弯曲双膝,躯干与大腿上部紧贴,双手将腿抱住,肘关节置于膝关节下面。呼气,向前倾斜上体,双臂从大腿上把背向前拉,双脚触地。在练习过程中,要保持尽量大的动作幅度,保持 10 秒左右结束该动作。

(2)站立伸背

并拢双脚站立于地面上,向前倾上体直至平行于地面,双手置于栏杆上,比头部位置稍高。伸直四肢,髋部弯曲。呼气,双手将栏杆抓住将上体下压,背部下凹呈背弓姿势。在练习过程中,要保持尽量大的动作幅度,保持 10 秒左右结束该动作。

5. 腰部柔韧素质训练

(1)仰卧团身

仰卧在垫上,膝部弯曲,双脚向臀部滑动。双手置于膝关节下部。呼气,双手牵拉双膝使之与胸部和肩部靠近,髋部提起与垫子分离。重复练习。在练习过程中,要保持尽量大的动作幅度,保持 10 秒左右结束该动作。之后膝部伸展并放松。

(2)俯卧转腰

在台子上俯卧,伸出躯干上部使之在空中停留,将一根木棍扛在颈后肩上。在身体两侧展开双臂将木棍固定。呼气,躯干大幅度转动,改变方向重复练习。在练习过程中,动作结束后保持数秒将躯干转回到原来位置。

(3)倒立屈髋

身体开始是仰卧姿势,然后垂直倒立,将身体重心移到头后部、肩部和上臂,双手置于腰间。呼气,并拢双腿,膝部伸直,双脚缓慢下降并触地。重复练习。在练习过程中,动作结束大约保持

10 秒左右。

（4）体前屈蹲起

并拢双脚,身体向前倾并下蹲,双手手指朝向前面并置于脚两侧触地。躯干与大腿上部紧贴。最大限度地伸展膝部。重复练习。在练习过程中,要保持尽量大的动作幅度,保持 10 秒左右结束该动作。

（5）站立体侧屈

双脚左右分开站立,交叉双手举过头顶将手臂向上伸直。呼气,一侧耳朵与肩部紧贴,最大限度地做体侧屈动作。转变方向重复练习。在练习过程中,要保持尽量大的动作幅度,保持 10 秒左右结束该动作。

（五）灵敏素质训练的常见手段

1. 徒手训练

（1）单人练习法

①快速移动跑

并拢两腿于地面站立,两眼注视指挥手势或判断信号。当练习者看到手势或听到信号后,按照指挥方向朝四个方向做快速变换跑动。通常发出指令的间隔时间不超过 2 秒。

②越障碍跑

并拢两腿于地面站立,面对跑道,设立多种障碍于跑道上。练习者听到"开始"信号后,迅速敏捷地跑、跳、绕,通过各种障碍物体跑完全程,练习过程中可采用计时方式。

③弓箭步转体

做好左弓箭步姿势,两臂在身体两侧自然垂下。练习者听到"开始"信号后,两脚蹬地跳起,身体向左转 180° 转化成右箭弓步姿势,有节奏地交替练习。练习过程中可采用计时方式,也可采用记数的方式。

④立卧撑跳转体

并拢两腿于地面站立(也可以做下蹲姿势),练习者听到"开始"信号后,做一次立卧撑动作,然后立即接原地跳转180°。对30秒内完成动作的次数进行计算。

⑤原地团身跳

做好站立姿势。听到"开始"信号后,练习者原地双脚向上跳起,腾空后两腿迅速团身收紧,然后下落还原。连续进行团身跳。练习过程中可采用计时方式,也可采用记数的方式。

⑥退跑变疾跑

做好蹲距式起跑动作。听到"开始"信号后,练习者迅速转体180°快速后退跑5米,接着再转体180°向前疾跑5米。

⑦前、后滑跳移动

两脚前后分开站立,稍微向前倾斜上体,稍微弯曲两腿,两臂自然垂于体侧。听到"开始"信号后目视手势而移动身体,前滑跳时,后脚向后蹬地,前脚向前跨出,随之向前移动身体;当前脚触地后向前蹬地,后脚向后跳,随之向后移动身体。前、后滑跳移动也可以采用左、右滑跳的方式练习。

(2)双人练习法

①模仿跑

2人一组,前后站立,间隔3米。听到"开始"信号后,前者在跑动中做出变向、急停、转身、跳跃等不同动作变换的练习,后者则模仿前者在跑动中做出相同的动作变换。

②手触膝

两人一组,面对面站立。听到"开始"信号后,双方在移动中找好机会用手触对方的膝盖。身体素质良好的练习者也可采用一些鱼跃、前扑等动作。

③躲闪摸肩

两个练习者站在直径为2.5米的圆圈内。听到"开始"信号后,练习者在规定的圈内跑动做一对一巧妙拍摸对方左肩的练习。

④过人

两个练习者站在直径为 3 米的圆圈内,各站半圈。听到"开始"信号后,一个人防守,另一人利用晃动、躲闪等假动作摆脱对方的防守进入对方的防区。交替练习。

⑤障碍追逐

一人作为被追方在前,另一人作为追方在后。听到"开始"信号后,两人利用障碍物进行一对一追逐游戏,追上并用手触到对方身体任何部位后二人交换练习。

2. 器械训练

(1)单人练习

单人练习包括多种形式的传球、运球、追球、顶球、托球、颠球、接球和多球练习、滚翻传接球练习、翻越肋木、悬垂摆动、钻栏架、钻山羊,以及各种专项球类练习和技巧练习、体操练习等。

(2)双人(结伴)练习

①扑球

两人一组,面对面站立。一人将球抛到另一人的身体侧方,对方可利用交叉步起跳、交叉垫步或侧垫步扑向来球,并用手将球接住。两人交替练习。

②通过障碍。

练习者面对障碍物站立。助跑 5 米后,跳过山羊,钻过山羊,绕过双杠间,然后返回起点位置。

③跳起踢球

两个练习者面对面站立,二者之间间隔 15 米。一人将球抛到另一人的身体前面或侧面,对方快速跳起用脚准确踢球。交替练习。

④接球滚翻

两人一组,一人在垫上坐立(接球),另一人面对垫子站立(传球)。坐在垫上的练习者接不同方向与速度的来球。当接到正面的球后做接球后滚翻;接到左、右两个方向的球后做接球侧滚动。交替练习。

3.组合动作训练

（1）两个动作的组合练习

交叉步接后退步；前踢腿跑接后撩腿跑；立卧撑接原地高频跑；前滚翻接挺身跳转 180° 或 360°；侧手翻接前滚翻等。

（2）三个动作的组合练习

立卧撑→原地高频跑→跑圆圈；交叉步→侧跨步→滑步；腾空飞脚→侧手翻→前滚翻；滑跳→交叉步跑→转身滑步跑等。

（3）多个动作的组合练习

跨栏架→钻栏架→跳栏架→滚翻；后滚翻转体 180° →前滚翻→头手倒立前滚翻→挺身跳；分腿跳→后退跑→鱼跃前滚翻→立卧撑等。

第三节　心理能力训练

一、心理能力训练概述

（一）心理能力训练的概念与分类

1.心理能力训练的概念

心理能力训练是指通过多种方法有意识地对运动员的心理过程和个性特征施加影响，以期使他们学会调控自身心理状态，更好地参与运动与比赛的过程。

2.心理能力训练的分类

心理能力训练大致可分为一般心理能力训练和赛前专门心理能力训练。

（1）一般心理能力训练

一般心理能力训练是针对运动员与专项运动有关的心理因

素而进行的训练。由于在运动训练全过程均可安排一般心理能力训练,因此这种训练又称为"长期心理能力训练"。

（2）赛前专门心理能力训练

赛前专门心理能力训练是针对具体比赛而进行的训练,一般在比赛前两三周开始实施,并一直持续到比赛结束。

（二）心理能力训练的目的及意义

1. 心理能力训练的目的

心理能力训练的目的在于培养与发展运动员参与训练和比赛所必需的心理品质,使运动员对高强度的训练和竞争激烈的比赛具有良好的心理准备,从而形成相对稳定的训练和比赛心理。

2. 心理能力训练的意义

心理能力训练的意义主要体现在以下三方面。

（1）心理能力训练有利于促使运动员心理活动水平进一步提高。

（2）心理能力训练能够有效地提高运动员的心理活动强度。

（3）心理能力训练有利于消除运动员的心理障碍。

二、心理能力训练的一般方法

（一）表象训练法

1. 表象训练法的概念

表象训练指的是运动员在暗示语的指导下,头脑中对技术动作或比赛情境进行反复想象,从而促进自身运动技能提高和情绪控制能力增强的过程。运动员经常会采用表象训练这一有效的心理技术,以促进自身心理素质水平的提高。

2.表象训练的作用

表现训练主要有以下几方面的作用。

首先,表象训练能够使运动员对复杂的运动技术加以学习与掌握,从而促进正确动作动力定型的建立与巩固。

其次,表现训练有利于运动员对其他心理技能的练习与掌握,如促进对暗示训练、放松训练等训练技能的掌握。

最后,表象在比赛中将采用的行为方案,能够促进运动员自信心的增强和良好竞技状态的保持。

3.表象训练的基本程序

运动员采取表象训练法进行心理训练具体可以按如下步骤实施。

（1）对表象能力进行测定

通过测验来对运动员的表象能力进行评价是采用表象训练法的首要步骤。主要测验内容有表象的控制性；表象中的听觉、运动觉；相应情绪状态的强度等。

（2）对表象知识加以传授

在采用表象训练法进行心理训练的过程中,教练员应将表象训练的相关知识(概念、特征、作用等)传授给运动员,使运动员在了解表象训练的基础上参与到训练中,提高训练的效果。

（3）进行基础表象训练

运动员可以通过多种形式来进行基础表象训练,如通过赛场练习训练感觉觉察、通过比率变化练习、上臂沉重感练习来对表象控制能力进行训练等。

（二）暗示训练法

1.暗示训练法的概念

运动员自身通过语言等刺激物的刺激来对心理施加一定的影响,进而对自身的行为加以控制的过程就是所谓的暗示训练,也可称作是"自我暗示训练"。自我暗示训练的方法在瑜伽和五禽戏、八段锦气功练习中较为常见。

2. 暗示训练法的基本程序

作为一种调控心理的有效方法，自我暗示可以促进运动员情绪的稳定，动作稳定性和自信心的增强以及成功率的提高。

运动训练中，运动员可以按照如下几个步骤来进行心理暗示训练。

（1）运动员要清楚语言能够很大程度上影响到个人的情感和行为。

（2）运动员要了解自身在训练与比赛中经常会出现哪些消极的情绪和不良的心理。

（3）运动员要对自己的消极情绪与心理有一个客观的认识。

（4）运动员选择积极的提示语来将自己的消极想法取代。

（5）对积极的暗示语不断重复。例如，如果产生"这下全完了"的想法时，应该用"还没结束，坚持到最后"等这样的暗示语来不断提醒自己不要放弃。

（6）不断重复暗示语并定时进行暗示效果的检查，可以做到举一反三。

（三）模拟训练法

1. 模拟训练的概念

通过模拟比赛的对手、场地条件、气候、现场情况、裁判等各方面的情况，来达到提高心理适应度的目的的训练就是所谓的模拟训练法。

2. 模拟训练的常见方法

在现代运动训练中，进行模拟训练的主要目的在于有效提高运动员的临场适应性与坚强的意志力，运动员可以通过模拟训练在头脑中建立起合理的动力定型结构，以此来应对比赛中随时改变的临场情况,从而将自己的技战术水平充分发挥出来。具体来说,模拟训练的方法有很多,经常用到的练习方法具体如下。

（1）模拟对手

教练员要对即将面对的对手的情报进行收集,比较常见的途径主要有:通过对对手以前的比赛录像等进行仔细观看,有针对性地安排一部分队员专门模拟对手的特点(技战术等方面),或挑选一些与对手特点相似的队员,让他们与即将参赛的队员进行训练比赛,使参赛队员做到知己知彼、心中有数,从而促进参赛队员自信心的进一步增强。

（2）模拟赛场气氛

通常,在比赛过程中,在场观众的噪声会在不同程度上影响到运动员的注意力,使运动员出现注意力分散和产生紧张情绪的情况。因此,在日常训练时,教练员可以有意识地多邀请观众到场观看,造成一个热烈的氛围。亦可以采用放观众噪声录音的形式,音量从小到大地调节到接近竞赛时的实际程度,通过这样的训练,能够有效提高运动员适应赛场噪声的能力。

（3）改变赛场局势

由于现代竞技运动技战术的发展速度较快,因此比赛场上情况的复杂程度也越来越高,一些难以预测的情况经常会出现,鉴于此,要求运动员对变化的情景有一定的适应能力和较强的意志力。因此可在训练中有意识地采用改变比赛局势的方式来发展和提高运动员的意志力。

（四）放松训练法

1.放松训练的定义

通过暗示语保持注意力集中,对呼吸进行调节,充分放松肌肉,从而对中枢神经系统兴奋性进行调节的训练方法就是所谓的放松训练法。

运动员在比赛之前进行放松训练,能够对情绪加以调节,使紧张的心理得以缓解。在训练与比赛中也可以进行放松训练,以使心理状态保持稳定,从而可以从容地参与训练与比赛,不为负面情绪与心理所干扰。

2. 放松技术的运用

在运动训练与比赛中,运动员要对放松技术进行合理的运用,以下是适合采用放松技术进行练习的几种情况。

(1)表象训练之前

运动员可以在表象训练前进行放松练习,以保持注意力的集中,从而促进逼真、清晰的运动表象的形成。

(2)赛前紧张状态下

运动员如果在比赛开始前感到紧张,就可以通过放松练习来促进能量消耗的减少,维持稳定的情绪,建立积极的心态。

(3)训练后

运动员在结束了一天的训练后,晚上临睡前可以采取放松练习来使身心疲劳得以消除。

第四节 心智能力训练

一、心智能力概述

(一)心智能力的概念及构成

心智能力又称为"心智技能",或"智慧技能"或"智力技能",它是借助于内部语言在人脑中进行的一种认知活动方式。智力与能力是构成心智能力的两个主要因素。因而,智能是保证运动员有效认识客观事物和成功参与实践活动的相对稳定的心理特点的结合体。智能又包括智力潜能与智力能力。智力潜能是保证运动员有效进行认识活动的稳定心理特征的结合,其包括五种基本潜能,即观察力、想象力、记忆力、思维力和注意力。智力能力是保证人成功参与某种实践活动的相对稳定的心理特点的结合,计划能力、组织能力、适应能力、操作能力以及创造能力等都是基本的智力能力。

运动员需要具备的智能条件不仅包含"一般智能",而且还包含"特殊智能",即其参与运动训练和比赛所需的智能。运动员需要具备的特殊智能不仅包括智力潜能的因素,即观察力、记忆力、注意力、想象力和思维力;同时也包括智力能力的因素,即实际操作能力、适应能力、创造能力等。

实际上,运动训练中运动员需要具备的智能是其知识和能力的综合体现。一方面,知识储藏在大脑中,如果运动员不会动脑,那他将难以成为优秀的运动员;另一方面,智能源于知识,智能水平在一定程度上取决于运动员知识的深度与广度。因此,运动员的智能也是其对知识和信息进行运用,对运动训练和比赛中各种实际问题进行分析和解决的能力。运动员的心智能力训练会受其知识储备的影响,因而发展智能的基础就在于对各种相关的知识进行学习与掌握。因此对运动员进行心智能力训练,先要使运动员对一般文化科学知识进行学习与掌握,然后对其进行运动知识理论的教育和运动智能的培养。

（二）心智能力对运动员的影响

（1）智能水平较高的运动员,其不仅能够比智能水平低的运动员更深刻地把握运动的特征及规律,而且能够更准确地认识、掌握并体验运动训练的理论与途径。所以,在运动训练过程中,智能水平高的运动员能够对教练员的训练意图进行更加准确的理解,能够为了预定训练计划的高质量完成通过自身的自觉行为与教练员进行默契的配合,从而有利于在较短的时间内高效地完成运动训练的任务,并促进自身运动及竞技能力的不断提高与增强。

（2）智能水平较高的运动员,其能够对合理的运动技术进行准确与快速的理解,从而使自己对运动技巧进行学习与掌握的过程明显缩短;智能水平高的运动员也可以对运动战术的精髓和实质进行深入理解,在比赛中能够对各种战术进行机动灵活的使用。这类运动员所掌握的心理学知识较为丰富,对自己的心理活动的调动与控制是比较擅长的,从而能够使自身在比赛中出色发挥出自己的竞技水平,将更高的总体竞技能力表现出来,提高获胜的概率。

二、心智能力训练的基本方法

（一）一般心智能训练

运动员提高自身的运动心智能需要以一般心智能的提高为基础。所以,促进运动员运动心智能提高的基础就是促进一般心智能中各因素的提高,如促进运动员观察力、注意力和思维力、想象力以及创造力等的提高。

1.观察力训练

观察是一项知觉活动,它是有目的的,而且受思维的影响。感觉是观察的基础,运动员需要具备的主要智力因素中,观察力是基础。对运动员观察能力的训练与培养是一项十分重要的工作。竞技比赛中,场上的信息瞬息万变,如果运动员没有良好的观察能力,就会难以适应快速变化的情景,如记忆力减退,必需的思维材料难以在大脑中出现,运动员只能靠盲目的感觉来采取对应的措施。人在对事物进行长期观察的过程中,对一定的观察方法进行了掌握,良好的观察习惯开始形成,因此,运动员所具有的观察能力是有个性特点的。

在运动训练与比赛的过程中,对观察任务加以布置,对观察方法进行传授,对观察习惯进行培养,这是促进运动员观察力提高的最基本的方法。在初次对观察任务进行布置时,运动员要做好充分的准备活动,将观察计划制定出来,对观察任务加以明确,将观察的重点指明,清楚观察程序,观察完后做好总结工作。运动员在对观察方法进行了解与掌握之后,应对观察任务及时加以布置,提出更高的观察要求。

2. 记忆力训练

记忆反映经验的主要方式是识记、保持、再认和回忆。在运动员需要具备的众多记忆中,智力因素非常重要。逻辑记忆、情绪记忆、形象记忆以及运动记忆是人的记忆的主要分类。不管是哪一种记忆,都开始于感知记忆,然后发展为短时记忆,最后将短时记忆向长时记忆进行转化与强化。

促进记忆持久性、敏捷性以及快速正确再现等品质的发展是训练运动员记忆力的主要目的。

促进运动员记忆力发展的主要方法是,经常性地给运动员布置一些记忆的任务,如对一场比赛的情境加以记忆,记住对手的技术特点;对记忆的东西进行复述与回忆;将感觉记忆及时向短时与长期记忆转化;对记忆的方法与技巧进行掌握与运用。

3. 思维与想象力训练

运动员智力的核心部分是思维。使运动员对思维规律加以掌握,对思维进行熟练运用,促进思维能力的提高等是训练运动员思维的主要任务。

大脑通过对思维工具的运用,创造性地对思维材料进行加工的过程就是思维。脑是思维的主体,其发展水平会直接限制思维材料的占有量以及思维工具的运用程度。因此促进脑的结构功能的发展是训练运动员思维的终极目标。

人的思维有三种活动方式,即逻辑思维、形象思维和灵感思维。

对运动员逻辑思维能力的训练可通过分析与预测比赛形势、

加工与综合赛场信息等方法来进行。

对运动员形象记忆力与想象力的训练需要在日常训练中不断加强，主要措施如下。

（1）加强运动员对理论的学习与掌握，对现象和本质之间的联系加以明确。

（2）通过对图形与图表进行有意识地利用来对知识进行讲授。

（3）对运动员直觉能力的培养要重视起来。

（4）在运动训练过程中注意对运动员发掘即兴的灵感进行启发，对运动员奇思妙想的表达进行鼓励，对运动员创造性的灵感思维进行积极的培养。

（二）运动心智能训练

传授知识、对技能的掌握以及智能开发是对运动员运动心智能进行科学训练的主要途径。

人们在通过各种实践活动后创造出知识这一重要的结晶，客观事物的属性、联系及规律能够以知识的形式反映在人们的头脑中。运动员对知识的占有过程是通过一系列的环节来实现的，具体包括领会、理解、巩固、运用等，人的大脑通过这些环节来对外界的知识加以贮藏，人贮藏知识的过程也可以看作是人的智能活动的过程。人的智能能够通过这种智力活动得到有效的开发。

人们活动的众多方式中，技能是其中一种，不同运动项目的技能都属于一种操作技能，智能的参与在运动员获得这种技能的过程中发挥了重要的作用。通过训练运动员的心智能，不但能够使运动员对运动技能加以掌握，而且能够对运动员的智能进行开发，进而对运动员脑神经活动的发展产生积极的促进作用。

对知识的占有、对技能的掌握以及对智能的开发是互为条件的。开发智能的过程中需要有知识与技术的参与，运动员对知识的占有与技能的提高与智能的活动也是紧密相关的。然而开发智能和占有知识以及提高技能是存在差异的。教练员在对运动的理论知识和技能进行传授的同时，为了使智能开发的目的达成，应对运动员的一系列积极的思维活动进行组织与引导，如判断、理解、推理、领会、巩固、归纳等，这样知识和技能的智能化就会实现，这时运动员在占有知识和掌握技能的过程中就融入了智能的开发活动。具体来说，运动员运动心智能训练的方法如下。

1.提高运动员专业理论知识水平

运动员在对专业理论知识与其他文化知识进行学习与掌握的过程中，在具体的学习方法方面既存在共性，又有区分。

（1）与运动训练实践相结合来对专业理论知识加以学习

与运动训练的实践相结合，争取尽快获得实际效果，这是运动员对专业理论知识进行学习与掌握的特殊要求。运动训练实践是运动科学理论知识的来源，而且所获得的知识要高于运动训练实践，反过来也能够对运动训练进行科学有效的指导。因此，运动员对专业理论知识的学习要与一定的训练实践相结合，尤其是要与自己的训练实践相结合。为此，运动员要特别注意对训练计划的制定与实施，每天在训练结束之后做好训练日记，对训练总结工作也要认真对待。运动员要善于在运动训练的过程中发现问题，思考问题，进而解决问题。运动员在与自身训练实践相结合的过程中，对理论知识进行学习与掌握的同时，还需要注意对队员、对手以及国内外优秀运动员的训练实践进行观察和研究、对比与分析，在研究中挖掘并探索提高训练成效的方法。

（2）广泛学习相关学科的科学知识

运动员要想进行科学的运动训练，就要对相关的科学知识进行掌握，这些知识涉及多学科、多方面。运动员需要掌握的体育科学学科的知识十分丰富，主要包括体育美学、体育社会学、运动心理学、运动生理学、运动解剖学及体育美学等，对这些学科的学习与掌握有利于对运动训练活动的科学组织，有利于运动竞赛的成功开展,也有利于优异比赛成绩的取得。所以,运动心智能训练中要求运动员不仅要对相关的运动理论知识进行掌握,而且要对相关的学科知识加以掌握。

2.提高运动员运用知识的能力

(1)提高运用理论知识的自觉性

运动训练中,教练员与运动员首先要对运动专业理论知识的意义与功能加以明确,而且要在自身训练的过程中自觉积极地对所学知识加以运用,这是提高运动员对理论知识进行运用的能力与水平的主要手段。运动员在运用知识时需要做好两方面的工作,第一是从实践中总结理论知识,第二是将所学理论知识运用到实践训练中。运动员要以训练实践的需要为依据,对与训练相关的理论知识加以探索,并对其进行理解性的学习与掌握,然后在实践中对其加以运用。

运动员只有以实践训练的需求为依据,才能有目的地对理论知识进行学习,才能有针对性地对理论知识加以运用,才能更有效地将实际问题解决好,而且会取得良好的学习与运用效果。例如,运动员为了能够对训练负荷与强度进行准确的控制,需要学习运用血乳酸指标来控制负荷强度的相关理论知识,这样才能更加科学地安排训练的负荷,才能更好地制定运动处方。

运动员提高自身理论知识应用能力的另一个重要的方法是,通过对理论知识的系统学习来发现问题,并对训练进行有意识的改进。以足球运动为例,现在世界各国足球教练员通过不断学习理论知识,不断改进足球运动的比赛阵型,出现了4—2—3—1、4—4—1—1等阵型,这对足球战术实践的发展具有积极的推动作用。

(2)认真做好专题总结

运动员应及时对专业理论知识在训练实践中的运用情况进行深入的专题总结,这是提高其理论知识应用水平的另一个重要的方法。通过科学的总结,可以更加深刻地认识理论知识,对于实践的解析也将更加准确,从而把认识提高到新的层次和新的水平。

教练员、运动员都应注意提高自身的科学方法水平,要学好逻辑学、科学方法论,以及体育统计、实验设计、调查访问等具体科学方法,这是进行科学总结和从事科学研究工作必不可少的条件。

第三章　现代运动训练的原理与原则

运动训练的科学化和系统化是促进运动者实现运动训练目的的重要基础,在运动训练过程中,运动者应认真分析并遵守运动训练的科学原理与原则,以提高运动训练的效率。

第一节　现代运动训练的基本原理

一、代谢原理

物质和能量代谢原理是个体从事运动必须遵循的重要理论依据之一,在运动训练中,机体承受负荷需要消耗大量的能量,能量的消耗对应的是能量的补充。

新陈代谢是生命运动的基础,机体的运动离不开机体的新陈代谢活动,在运动训练中,人体的新陈代谢活动变得比安静状态时更加积极,良好的新陈代谢能为运动员从事科学的运动训练提供重要的物质保障。

（一）物质代谢与运动训练

1. 糖代谢

人体中糖的合成代谢是由两个过程组成的,即人体合成糖原的过程和糖异生的过程。糖分解代谢过程释放的能量能够满足机体运动对能量的需要。在运动训练中,当氧供应充足时,机体的肌糖原或葡萄糖就会被彻底氧化分解成水和二氧化碳,并释放大量能量。一般来说,运动者参与运动训练中主要通过糖的代谢提供机体运动所需能量,运动后的恢复期或长时间运动过程中,机体又可以重新合成糖来提供所需的能源。

2. 脂代谢

脂肪是人体的第二大能量来源,在系统运动训练期间,脂肪分解代谢可为运动提供能量,具体来说,脂肪分解代谢产生的能量能够用于多种生命活动过程,能够作为长时间中低强度运动的主要供能物质。人体脂肪作为细胞燃料参与供能是通过有氧代谢进行的。

3. 蛋白质代谢

人体中,人体组织蛋白质及一些含氮物质总是处在不断的分解与再合成的过程中。在运动训练中,运动员机体的蛋白质代谢主要表现在两个方面:一方面,机体运动时蛋白质可提供一部分能量;另一方面,运动导致骨骼肌蛋白质合成增加,主要外在生理表现为肌肉壮大。

4. 其他物质代谢

运动训练过程中,如果运动员体内缺乏维生素,就会影响其机体内部酶的催化能力,从而导致机体的代谢失调,进而影响机体的运动能力。但是,过多地摄入维生素,并不会提高运动员的运动能力。

保持体内水分代谢平衡是维持机体正常生命活动的重要保证。因此,在参与运动训练以及比赛时,应重视机体水分供给变化情况,注意保持机体的水分平衡。

在人体内,无机盐的存在形式主要是磷酸盐,其主要在骨骼中存在(如钙、镁、磷元素等),其他少量的无机盐(如钙、镁)的存在形式主要是离子。体液中离子有阳离子和阴离子之分,这些物质在人体的细胞代谢活动中具有十分重要的作用,是维持生命代谢的基础。

（二）能量代谢与运动训练

通过新陈代谢,机体分解能源物质,为机体活动提供运动所需能量,运动员的机体能量代谢直接决定运动员的运动能力和机能水平。一般情况下,把人体能量代谢分为磷酸原供能系统、糖酵解供能系统和有氧氧化供能系统三大系统:磷酸原系统（ATP-CP）是人体主要供能系统,其供能特点为:供能总量不大,持续时间很短。但是它供能快速,是细胞唯一直接利用的能量来源,其能量输出的功率最高;糖酵解系统能为机体的长时间运动提供能量,一般的,当机体运动持续的时间在10秒以上且强度很大时,磷酸原系统能供给的能量就无法使机体所需能量得到满足;运动训练过程中,当运动员机体内氧的供应充足时,运动所需的ATP便主要由糖、脂肪的有氧氧化来供能。有氧氧化能提供大量的能量,从而使肌肉较长的工作时间得到有效的维持。

和安静状态相比,人体在运动训练时,体内的物质和能量代谢过程会较平时得到加强,能量的消耗也会随之增大。从事有效的训练能够提高人体组织细胞内酶系统的适应性,使酶的活性得到提高,从而促进人体的物质代谢过程和能量代谢过程,能量物质的恢复更加充分,从而达到比锻炼前更高的水平,人体各器官系统的功能也得到进一步增强,这是现代运动训练增强人体体质的重要原因。另外,在进行运动训练时,能量的供应是运动员保持充沛的体力和获取良好运动成绩的重要条件。

新陈代谢是人体生命活动的基本特征之一,它具有非常重要的作用和意义。如果新陈代谢过程停止,那么人的生命活动也会随之结束,生命终结。在机体代谢过程中,同化作用和异化作用是同时进行且相互依存的,并在人体生长发育的不同阶段和运动训练中表现出不同的特点。在儿童青少年时期,同化作用占优势,人体内物质合成的速度远大于物质分解的速度,从而使得人体不断地生长发育;成年时期,人体内的同化作用与异化作用基本上维持在平衡的状态,新陈代谢旺盛,为人体提供充沛的精力;在老年时期,人体内的异化作用占优势,身体渐趋衰退,衰老加剧,使得老年人体质不断下降。

总之,物质和能量是人体参与运动的基础,了解人体运动过程中物质和能量的代谢情况及规律有助于运动员更加科学地控制运动过程。

二、应激原理

(一)应激的概念

应激是人体对外部强负荷刺激的一种生理和心理的综合反应,当有机体受到异常刺激时,就会产生紧张的心理状态,这种心理状态称为应激。

运动训练中,要想不断提高运动竞技能力,就必须不断提高运动负荷,不断地打破机体对原有负荷的平衡状态,机体适应后再提高运动负荷。如此循环往复,从而不断提高训练水平,这就是"超量负荷原理",应激学说是超量负荷原理的生理基础。

(二)应激的作用

(1)防御机体衰竭过程发生,避免过度训练。

(2)通过对运动负荷后恢复期中改变酶的活性和细胞的通透性,调整运动员的恢复过程,以加强合成代谢、加速机体适应过程。因此,在训练中要掌握应激过程中肾上腺皮质系统的活动,充分提高垂体性腺系统在机体合成代谢中的机能,充分应用应激系统。

(3)提高人体机能的适应过程,包括机体能源储备能力、机体调节能力、机体防御能力等。通过激素调节,即由激素调节引起酶活性改变和机能储备提高,增强机体免疫力。

三、负荷原理

运动训练的目的是提高运动员的身体素质水平、运动水平，这一目的主要是通过运动员在运动训练过程中不断承受和适应训练负荷来实现的，通过机体的不断适应来提高机体的运动能力和对外界（运动负荷）的适应能力，这就是负荷原理。

（一）运动负荷的本质

人体面对运动刺激，会有生理和心理两个方面的变化，狭义的运动负荷主要是指生理负荷，即机体在生理方面所承受的训练刺激。

当运动负荷刺激施加于人体时，人体各器官系统将发生一系列反应。这些反应特征主要表现为耐受、疲劳、恢复、超量恢复和消退等机能变化（图 3-1）。

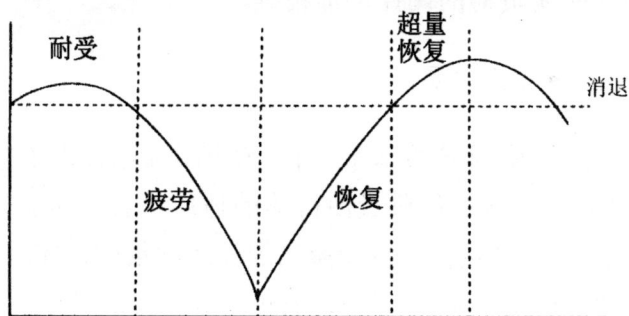

图 3-1

在运动负荷的强烈刺激作用下，与运动相关的各器官系统的机能状态都会受到不同的影响。因此，可以将某些生理或生化指标来作为衡量生理负荷量的大小的指标。运动负荷的外部表现是量和强度，其内部表现是血压、心率、血乳酸等生理机能指标的变化。一般来说，运动负荷越大，刺激强度就越大，所引起的机体反应也相应越大，各项生理指标的变化也就越明显。

（二）运动负荷的特征

（1）个体性。运动者之间存在个体差异,受生理机能、素质、技战术要求等因素的影响,运动员所承受负荷的能力不同,因而在实践中,安排运动负荷应突出运动员的个体性特点。

（2）综合性。同一个总负荷可以由不同的负荷量和负荷强度组合而成。

（3）动态性。和训练过程的持续性直接相关,运动负荷也是一个持续的过程,表现特征为:负荷的连续性、负荷的系统性、负荷的节奏性、负荷的周期性。

（4）目的性与选择性。任何负荷结构都有一定的目的性和功能特点,要根据训练目的和训练任务选择相应的运动负荷。

（5）定量性与等级性。负荷的表示有定性和定量两种方法:以大、中、小的定性方式和以具体的定量方式。在训练中,负荷量度的定量化能使负荷的调控更加精确。

（三）科学负荷的要求

（1）根据负荷因素的基本特征,在训练初期,为了尽快进入运动状态,通常以增加负荷量使机体的适应过程逐步实现。在专项训练阶段,以提高负荷强度刺激来加深运动员的机体适应过程。

（2）对于运动员而言,其参与的具体竞技运动项目不同、训练目的不同,训练负荷应有所区别。

四、训练适应原理

（一）训练适应的特征

（1）特殊性:运动员机体对训练适应的特殊性表现在不同性质的运动负荷可引起特殊的适应性变化。

（2）普遍性：训练适应的普遍性指机体在技术、形态机能、运动素质、心理过程等方面会产生训练适应现象。

（3）异时性：机体通过训练产生适应性变化，这些适应性变化需要一定的时间来反应，机体各方面的训练适应现象出现时间不同。一般的，机能上的适应性变化在先，结构适应变化在后。

（4）连续性：机体在技战术、形态机能、运动素质、心理过程等方面的适应具有异时性特点，会导致机体的全面适应以渐进积累的方式形成。机体对某一运动负荷形成训练适应后，反应就会越来越小，最终负荷不再能引起机体能力的提高。为了使机体进一步发展，应增加运动负荷使机体产生新的适应，机体的训练就是从不适应→适应→负荷增加后的不适应→再次适应……如此反复，来提高运动水平的。

（二）训练适应的阶段构成

从生理学的角度来看，运动训练过程中机体对训练内容的适应需要经过以下几个阶段。

（1）刺激阶段。刺激阶段是运动者机体承受运动刺激的初级阶段，在训练初期，运动员的机体需要接受来自各方面的各种刺激。

（2）应答反应阶段。运动者在运动负荷的刺激下，机体内部各器官和运动系统的功能产生兴奋，并将兴奋传输到机体各个器官中，最后使整个机体都进入运动状态，以实现机体对外界运动负荷的生物应答反应。

（3）暂时适应阶段。在运动过程中，运动员的机体器官和系统持续接受刺激，并持续对这种刺激做出反应，经过一段时间的运动，运动员的机能就会进入良好的工作状态，在运动过程中的各项生理指标表现出稳定的状态，随着运动训练的继续进行，当机体某应答指标虽不再上升也能承受外部刺激时，表明机体已经适应了当前的运动刺激。

（4）长久适应阶段。长久适应阶段是使各相应的机能系统和组织器官，在全面增加和系统重复各种外部运动刺激的基础上产生较为明显的身体结构和机能方面的改造。主要表现为机体运动器官和身体机能的完善与协调。需要说明的是，这种长久适应是建立在科学训练和长期训练的基础之上的。

（5）适应衰竭阶段。当运动员对自己的运动安排不科学合理时，会在运动过程中产生身体某些机能出现衰竭的情况。例如，为了快速实现训练效果而不合理地加大运动量，使机体承受过度训练、遭受损伤。适应衰竭是不科学训练的表现。

五、超量恢复原理

（一）超量恢复的概念

超量恢复，又称"超量代偿"，是关于运动时和运动后休息期间能量物质消耗和恢复过程的超量恢复学说，是由苏联学者雅姆波斯卡娅提出来的。

超量恢复是机体产生训练适应的第一阶段，是对未来重复进行较大运动负荷时能源物质再一次耗尽的一种预防和保护机制。超量恢复理论可广泛运用于运动训练中，如间歇训练中间歇休息时间的掌握，就是根据训练恢复原理和规律选择反应的时间，使间歇休息中机体的物质能得到一定程度的恢复，既能保证机体的刺激强度，又能为机体进一步运动提供物质保证。

另外，超量恢复理论也为肌糖原填充法提供了理论依据。即在比赛前一周进行衰竭性训练，之后三天进行高蛋白、高脂肪膳食，以使肌糖原水平下降，同时提高肌糖原的活动，最后三天补充高糖膳食。在一周的时间内完成一定的运动量和运动强度，减少或防止肌糖原的多余消耗，使肌糖原产生超量恢复，从而提高运动员的竞技能力。

（二）运动恢复的表现

运动量的大小是超量恢复强弱的重要影响因素。通常来说，在一定的范围内，运动量越大，人体内各器官和肌肉的功能动员得就越充分，能量物质消耗得就越多，超量恢复也就会越显著。如果运动量过大，超过了人体正常承受的范围，就会使得恢复过程延长，甚至可能因过度疲劳而对身体健康产生不利的影响。如果运动量过小，身体得不到充分的运动，疲劳程度较小，超量恢复的效果就不显著，甚至不会出现，这不利于获得良好的训练效果。

具体来说，运动训练中，机体恢复主要表现在以下几个方面。

（1）不同的机体器官恢复速度不同。一般的，大脑和神经中枢的恢复最快，心血管系统次之，肌肉和心理最后恢复。

（2）不同能源物质的恢复速度不同。

（3）不同运动负荷恢复的速度不同。一般的，训练负荷越大，恢复越慢；训练负荷越小，恢复越快。

（4）不同的运动员恢复的速度不同。运动员的训练水平越高，恢复速度越快；反之则慢。

训练后，机体机能的恢复和超量恢复并不是同时发生的。根据恢复过程的规律，训练实践中的恢复有不完全恢复和完全恢复两种类型。训练后，人体机能已大部分恢复，但尚未达到原有水平的属于不完全恢复。不完全恢复主要用于速度耐力、力量耐力、专项耐力和意志力的训练。训练后，人体机能恢复到或超过原有水平的属于完全恢复。完全恢复主要用于协调和注意力集中、最大力量、反应和速度、技术和比赛的训练。

（三）超量恢复的训练要求

超量恢复在一定程度上受到疲劳程度、运动量的大小和营养供给等因素的影响。在现代运动训练中，运用超量恢复理论来指导训练时，需要注意以下几点。

（1）运动时间短,运动强度不大,不能使机体产生较大的反应,超量恢复不显著。

（2）重复性的运动训练要掌握好间歇的时间。间歇时间太短,如果身体正处于疲劳状态,会加重身体的疲劳,对运动员的身心健康产生不利的影响;间歇时间太长,只能保持原来的体质水平,不能达到增强身体机能的目的。

（3）要掌握好两次练习间隔的时间;一般通过测定心率的方法来进行控制,如运动后的心率达到 $140 \sim 170$ 次 / 分钟,可以等到心率恢复到 $100 \sim 120$ 次 / 分钟时,再安排下次训练。

六、运动素质转移理论

人体的不同运动素质之间相互影响、互相依赖。运动素质转移现象也会出现在运动训练过程中。运动训练过程中机体运动素质的转移,主要是指某些素质的发展会引起其他素质的发展,为了能够取得理想的训练效果,运动训练者应熟练掌握运动素质转移的基本理论及内在规律。

（一）运动素质转移机制

任何运动项目都需要运动员多种身体素质的共同参与。例如,田径运动中的跳跃和投掷项目,既需要力量,同时又需要速度,二者结合形成了爆发力;游泳运动则需要力量素质和耐力素质,二者的结合则形成了力量耐力。各项运动素质的转移及其关系的生理生化基础是决定运动素质转移的内在机制。运动者运动素质转移的决定性因素主要包括有机体的整体性、动作结构的相似性以及能量供应来源的同一性。

（1）有机体的整体性是影响运动训练过程中运动素质转移的重要机制之一。在运动训练过程中,运动训练者所表现出的同一种运动素质或不同的运动素质,都是在中枢神经系统的支配下发挥各器官系统的综合作用的结果,而并非仅仅依靠某一器官和系统。

（2）运动素质的转移得益于技术动作结构的相似性。动作结构的相似性对运动训练过程中运动素质的转移也具有重要影响。运动训练是借助动作来实现的，各动作之间存在十分密切的关系。运动训练的各种运动动作的结构及肌肉各种特征越相似，则运动素质转移的可能性就越大。

（3）运动素质的转移得益于机体能量供应来源的同一性。对于运动训练过程中的运动素质而言，能量供应来源的同一性也是影响其转移的机制之一。运动训练过程中，发生运动素质转移多是因为能量供应来源基本相同。例如，有氧耐力的转移，其主要原因是有氧耐力是各种其他耐力的基础，有氧耐力的训练水平对有机体的心血管系统与呼吸系统的机能状况起着决定作用，其主要依靠机体内糖原的氧化，这在运动中是十分需要的，故会出现转移现象。在运动训练中，如果两种素质发展的生理、生化基础相同，则会产生良好转移；相反，如果其生理、生化基础不同，则不会出现转移或导致不良转移。

科学运动训练就是要促进运动员不同身体素质之间相互促进的良性转移，并最终促进运动员体能素质的整体提高。

（二）运动素质转移类型

1. 同类转移与异类转移

同类转移是指同一类运动素质向不同运动项目或不同动作上的转移。例如，举重项目的力量训练可提高运动员在投掷、跳跃等运动项目方面所需要的力量水平。在运动训练中，力量素质的同类转移主要由身体的用力部位和用力时间决定，速度素质的同类转移主要取决于神经系统协调机制相类似的程度，其同类转移现象很少见。

异类转移，即存在于各种运动素质之间的不同运动素质的转移。例如，力量素质与耐力素质之间的转移，力量素质与速度素质之间的转移,耐力素质与速度素质之间的转移。在运动素质的不同类转移中,力量素质的提高促使速度素质提高则是众多转移中最为常见的转移现象。

2. 良好转移与不良转移

良好转移和不良转移是根据运动训练运动素质转移产生的效果进行分类的。

良好转移(积极转移),指一种运动素质的发展可促进另一种素质的提高;或同一种素质中一种表现形式可积极影响另一种形式的良好发展。例如,运动员最大速度的提高可促进速度耐力的发展。

不良转移(消极转移),即一种运动素质的发展对另一种素质的发展产生不利影响。例如,在田径十项全能的训练中,运动员为提高速度力量性运动项目的成绩而进行力量素质训练,这很容易降低 1 500 米跑运动项目的耐力素质。对于运动员而言,不良转移会严重威胁运动成绩的提高。

3. 可逆转移与不可逆转移

从运动训练运动素质转移产生效果的可能性进行分类,其主要分为可逆转移和不可逆转移两种类型。

可逆转移指运动素质任何一方的发展都可使对方产生变化。不可逆转移是单方面的影响和作用。例如,在速度素质的发展中,动作速度的提高能够促进反应速度的提高,但是反应速度的提高却不能够促进动作速度的提高,二者之间不能够实现可逆转移。

(三)运动训练与运动素质转移的关系

1. 运动素质的转移效果与训练负荷的关系

在现代运动训练中,为了使运动素质产生良好转移并获得理想的效果,运动员必须保证一定的训练量,通过促使某种运动素质的发展,以增加运动素质发生良性转移的可能性。可见,运动训练运动素质的转移在一定限度内与训练的负荷成正比,训练的负荷量越大,其转移的效果也会越明显。反之,运动素质转移的可能性及其转移的效果就会越小。

2.发展运动素质与运动素质转移产生后果的关系

提高运动水平是运动员参与运动训练的终极目标,具体到以发展素质为主要目的的运动训练中,运动素质的良好转移是运动训练所追求的重要目标。因此,在发展某种运动素质时,运动员应注意安排一些能够促使运动素质产生良好转移的训练,通过训练所产生的良好转移效果来提高自身的运动素质。如果运动员在训练中能够预见到某种训练会产生不良转移时,就需要对训练的时间、次数以及其他练习手段和方法进行认真考虑和合理安排,从而弥补运动素质不良转移产生的不利后果。

3.运动训练水平与运动素质转移程度的关系

实践表明,运动员的体能训练水平对运动素质转移程度有很大的影响作用。运动员应多进行能够产生广泛与良好转移效果的训练。对于运动员而言,运动成绩的进一步提高,往往需要通过较小效果的积累、综合才能实现。因此,运动员在运动训练中应重视对训练手段的选择,通过采用更加有效的训练方法促进运动成绩的持续、不断提高。

4.运动训练运动素质的间接转移与转移效果的关系

在运动训练运动素质发展中,运动素质的间接转移通常在短期内很难表现出来,其往往具有一个较长时间的转换过程。运动员要提高自身的体能训练水平,就需要充分利用一切可以利用的因素,合理安排能够产生间接转移效果的训练。

5.运动训练不同时期与利用运动素质转移效果的关系

在不同的运动训练时期,机体发展状况对运动素质转移的效果也具有一定程度的影响。运动素质的直接转移效果十分显著,且转移效果在短时间内就可以表现出来,因此运动员在比赛期间能够广泛利用,并使训练产生的效果直接转移到专项所需要的方面。运动素质的间接转移则需要较长的时间,其通常运用于各个大周期训练的准备期第一阶段或比赛期的开始阶段,以促使其形成竞技状态,从而充分发挥其转移效果。

七、运动技能形成原理

(一)运动条件反射

生理学研究表明,感觉是一切运动的开始,其次是心理活动的产生,最后表达到肌肉,并形成一种反射效应。研究证明,大脑皮层动觉细胞可以和皮质所有其他中枢建立暂时性神经联系,包括内、外刺激引起皮质细胞兴奋的代表区在内。运动的生理机理是以大脑皮质活动为基础的暂时性神经联系。因此,可以认为,人体掌握运动技能的生理本质,就是人体建立运动条件反射的过程。

当然,与一般运动条件反射不同,人体运动技能的形成具有连锁性、复杂性以及本体感受性。具体表现如下。

(1)连锁性。运动者的运动技能的反射活动是连续的,前一个动作的结束同时又是后一动作的开始。

(2)复杂性。个体的运动技能包含多个中枢参与形成的运动条件反射活动(如视觉中枢、运动中枢、听觉中枢、皮肤感觉中枢以及内脏活动中枢)。

(3)本体感受性。研究表明,肌肉的本体感受性冲动(传入冲动)在条件反射的过程中发挥了重要的作用,如果没有这种本体感受性冲动,就不能强化条件刺激。同时,由运动中枢发放神经冲动传至肌肉效应器官引起活动的复杂过程条件反射就不可能形成,也就不能够掌握运动的技能。

总的来看,运动员的各项运动条件反射是由多种简单的非条件反射综合起来共同构成的。大脑的各器官发育成熟后,机体在这些非条件反射的基础上,经过听觉、触觉、视觉和本体感觉与条件刺激物多次结合,从而形成了简单的运动条件反射(具体表现为各项运动训练技能的发挥)。

（二）技能信息传递与处理

运动技能的信息处理,具体是指人对外界环境刺激到发生反应的过程。人在这个构成中就是信息处理器,人对外界环境的刺激到发生反应的过程就是信息处理的过程。这一生理过程对个体学习运动训练具有重要的影响作用。

运动员学习并熟练掌握运动训练技能后,对运动技能再现过程中的信息源(刺激)的来源具体分析如下。

（1）体内信息。运动技能的体内信息主要来自大脑皮质的一般解释区。该区域是由躯体感觉、视觉、听觉联合区共同构成的,是人体视觉、动觉、听觉的汇合区,它们本身有其自己的感觉体验与分析能力,信号就是从这里转移到脑的运动部位来控制具体的动作的。

（2）体外信息源。体外信息是运动者运动训练的学习过程的主要信息来源。在运动训练中,当教练员发出信息(强度、形式、数量等),通过大脑分析,将这些具体的信息传输给运动训练者,运动员通过自身的感觉器官,经过大脑皮质分析综合形成概念并进一步指挥肢体完成具体的技术动作。

（三）技能信息的反馈

运动员在学习运动训练技能的过程中,肌肉的用力状况、用力时间、协调功能等需要不断改正。如做某一技术动作时,用力太大需减少,用力慢了需加快。这种从动作感觉或结果反过来校正动作的过程就是运动技能的校正,即运动生理学的反馈原理。在运动训练中,合理运用反馈原理,对于运动员动作技能的不断精确和完善是非常重要的,可以促进运动员准确、熟练地掌握运动技能,并准确完成指定训练动作,最终促进运动技能的提高。

八、竞技状态发展原理

（一）竞技状态的概念

在运动中,运动员获取优异成绩的最佳状态被称为竞技状态。运动员在赛前和赛中形成最佳的竞技状态,是技术、战术、身体、心理的综合表现。

良好的竞技状态指的是有机体的活动在中枢神经系统的主导作用下达到了最完善的程度。良好的竞技状态表明运动员已具备了良好的体力及心理,其运动训练水平能保证其顺利参加比赛。

（二）竞技状态的形成与发展

运动员竞技状态的形成与发展是一个连续的发展变化过程,主要包括以下几个阶段。

（1）初步形成阶段:竞技状态形成和发展的第一个阶段,又分为"形成竞技状态前提条件阶段"和"初步形成竞技状态阶段"两个小阶段,其中,前一个阶段的前提条件为:有机体机能水平不断提高;运动素质全面发展,专项运动技战术的形成和心理素质初步养成。后一个阶段的形成和发展具有专项化的特点,彼此有机结合,形成了一个完整的统一体,从而基本形成运动员的竞技状态。

（2）发展和保持阶段:主要任务是进一步发展和保持运动员的竞技状态,并使其在参加重大比赛前通过赛前的调控和热身活动达到最佳竞技状态。

（3）竞技消失阶段:竞技"消失"只是暂时的,"消失"是为了让运动员进入调整、恢复期,迎接下一个竞技状态。

运动实践表明,科学有效的运动训练有助于运动员心理品质发展,保证运动员进入良好的竞技状态。判断运动员是否具备良好竞技状态的指标主要有两个:其一,观察运动员是否能迅速地进入工作状态,具有高度的工作能力,负荷后能迅速地恢复原来状态;其二,运动员在训练过程中是否感到疲劳,是否愿意进行训练和比赛,迫切想要在比赛中发挥自己的能力。

第二节　现代运动训练的基本原则

一、系统性原则

在现代运动训练中,只有坚持进行多年不间断的系统训练,才能对所要掌握的运动技能进行不断重复和巩固,才能完成运动技能系统化积累。另外,这种多年的系统性训练也是在现代竞技运动中获得优异运动成绩所不可或缺的一环。多年的系统训练和周期性训练是贯彻系统性原则的重要手段。

在现代运动训练中,贯彻系统性原则要做到以下几点。

(1)要做好训练的周期性安排,要使身体训练与技能训练相互结合。

(2)在比赛期,要制定良好的调整运动量的措施,以在比赛前进入最佳竞技状态。

(3)制定训练计划时要重视训练的持续性和连贯性,并应考虑多年系统训练计划,同时,还应完善训练大纲。

(4)教练员必须做好各训练阶段之间的连续性工作,及相互间的有机联系和交叉衔接。

(5)安排运动训练时,教练员要按"易→难、简→繁、浅→深"的原则安排训练工作,同时,还要合理地安排和选择训练内容、方法与手段。

二、周期性原则

周期性原则是指根据训练阶段的不同将整个的训练过程划分为几个运动周期循环地进行。周期性原则的依据是竞技状态的客观规律，即后一周期应在前一周期的基础上提高，以创造出最佳的运动成绩。在每一个周期或不同的训练阶段中，都有着各自的训练任务、训练内容与负荷量、训练手段与方法，它们彼此之间既相互独立又相互衔接。

良好技术技能的获得需要一个长期的训练过程。优秀运动员的培养需要十几年甚至更长的时间，因此，必须安排好运动员不同周期的训练，以促进其合理、逐步提高运动成绩。

现代运动训练中，贯彻周期性原则要做到以下几点。

（1）根据训练对象的特点和任务，来合理地安排训练周期。例如，在以年度为周期的训练过程中，运动训练经过周期循环不断进行，在此过程中，运动员的思想水平、身体素质、技术水平和基本理论知识等方面都应逐步得到提高。

（2）做好各个周期之间的衔接，使每个周期都能在前一周期的基础上有所提高，并起到"承上启下"的作用。

（3）把握好每个小周期的训练，并对不适之处做出及时的纠正。

在具体的训练过程中，周期性原则应和持续性原则结合起来，只有坚持多年系统的持续性周期性训练，才能不断提高技术水平。

三、直观性原则

直观性训练原则是一种非常重要的运动训练原则，它是依据直观性与动作技能形成的教学论原理所确立的运动员必须遵循的准则。其主要目的是使这些运动员能更有效地完成技术、战术和智力训练的任务。在教学过程中，直观性教学有很多种手段和方法,而且现代运动训练更加强调直观性原则的运用。

运动训练中,尤其是训练初期,遵循和突出教学训练的直观性十分重要,具体来说,应注意以下几点。

(1)合理地选用直观手段:选用各种直观手段时要注意选择那些目的性最强、最有成效的手段,并必须明确所选的各直观训练手段所能解决的主要功能,并根据不同对象、不同运动项目和训练内容的特点,选择和应用有针对性的直观手段。

(2)根据运动员的个体特征选择直观手段:选择和运用符合运动员个体特点及训练水平的直观手段,且对不同训练水平运动员在训练时,应采用不同的直观方法和手段,同时,还要注意采用不同的训练强度。

(3)运动训练中,应先进行直接示范,使运动员掌握到一定的水平后,再通过录像、图解、直接观摩优秀运动员的表演和比赛等手段,同时结合清晰、准确、形象的讲解,以及教练员对运动员技术动作的观察分析,经过研究讨论,来启发训练者进行积极思维活动,并逐步找出体育运动的规律性。

(4)注意掌握运用直观手段的时机和方法:要根据不同年龄阶段运动员的感觉器官发育的敏感发展期的不同,合理地选择和运用直观手段。教师可用语言信号、固定的身体姿势或慢速动作,来加深运动员对空中的方位、肌肉用力情况的体会等。

四、全面性原则

全面性原则是指在发展某项运动技能的前提下,全面安排和充分发展运动员的各项运动素质,以促进专项成绩的全面提高。全面性原则主要包括以下几个方面的内容。

(1)全面发展的运动素质和全面提高的身体机能能力是达到高水平专项运动技术的基本前提和基础。

(2)运动素质要想得到发展就必须要求人体的若干系统同时介入,因此,在训练初期,必须要采用正确的全面发展运动素质的方法,使发展技术与战术技能所要求的所有形态与机能能力都得到高水平的全面发展。

（3）运动素质和运动技能的转移需要一定的基础条件,专项运动素质和技能也需要建立在一般运动素质的基础上。只有全面安排才会创造出各种条件和可能,使专项所需的一切都得到充分发展。

（4）全面发展运动素质并不意味着运动员的全部训练时间都用于这种训练。随着运动员体能水平和运动水平的不断提高,其训练也应朝着更为专项化的方向发展。

（5）在进行体能训练时,教练员要多采用现代化的训练方法和手段,提高运动员的训练兴趣,以更好地促进专项训练。

五、渐进性原则

渐进性原则符合人体动作形成的客观规律。在运动训练中,人体结构的改变,运动能力的提高,内脏循环功能的改善,都是由于机体的神经系统通过对运动系统及其他内脏循环系统反复多次调节而形成的适应性反应。这种适应性的形成是一个相当复杂的协调过程,仅仅靠几次训练和练习是无法实现的,因此,只有坚持训练,长期积累经验,才能达到良好的训练效果。

运动训练需长期坚持,运动员运动技能的提高是长期训练的结果,而且需要经历一个由量变到质变的过程。在训练实践中,运动员运动技能的提高并不等于增强了身体素质,反而打破了机体原有的生理机体平衡,因此必须坚持循序渐进的原则,让机体在健康的情况下逐步形成新的生理平衡。

在运动训练中,科学遵循渐进性原则应注意以下几点。

（1）注重训练的合理性,并坚持循序渐进的训练。训练时,应坚持由小到大、由易到难、由低级到高级。

（2）注重各个训练阶段的特点,根据技能形成的规律采取相应的训练内容、手段和方法。

六、区别对待原则

不同运动员之间存在着个体差异,如年龄、性别、身体条件、运动水平、文化水平、个性特征等,因此,要想使每一个运动员都获得发展,就必须结合每一个运动员的具体情况,有区别地、科学地确定运动任务、内容、方法和运动负荷。

在现代运动训练中,实施区别对待原则能够使运动员的积极性得到充分的调动,更好地培养优秀运动员。具体来说,区别对待原则必须在训练计划中体现出来,并在整个的运动训练过程中进行贯彻,以使整个训练安排符合运动员自身的特点,做到有的放矢。

现代运动训练中,要想实现运动员综合竞技能力的提高,教练员只有对运动员进行充分的观察和了解,掌握运动员的详细情况,才能在现代运动训练中实施区别对待,做到对症下药,扬长避短,有针对性地提高运动员的薄弱环节,促进其运动技能快速提高。

七、科学负荷原则

在超量恢复理论的基础上,根据训练任务、训练对象等的不同,有节奏地逐步加大训练负荷,以使训练负荷达到运动员所能承受的最大限度,从而促进运动员的训练水平不断提高。

科学运动负荷是运动训练效果实现的重要基础,训练中应注意以下几点。

（1）在多年训练计划中,进行大运动量的训练要注意大、中、小运动量的相互结合,应该按照加大—适应—再加大—再适应的过程发展。

（2）在增加运动训练量的过程中,要对性别、年龄、体质、训练水平、健康状况、思想状态、意志品质等因素进行综合考虑。

（3）在以训练强度的提高来使运动量增加时,还要对运动员身体局部的情况进行考虑,看是否可行。

（4）对于一些需要精细分化的技术,在练习时不适宜采取大运动量的训练。

（5）运动实践表明,在良好的医务监督下,运动训练中逐渐加大运动负荷是可行的。但运动训练必须合理地安排,严密地组织。

八、全面训练与专项训练相结合原则

现代运动训练中,遵循全面训练与专项训练相结合的原则能够获得最佳的训练效果。对于那些正处于身体生长发育阶段的运动员来说,教练员必须要对他们进行全面的身体素质训练,如果长期从事专门训练,会对他们身体的全面发展产生不利的影响。因此,将专项训练与全面训练相结合、将身体训练与专项技术训练相结合,把已经得到提高的身体素质保持并应用到专项技术训练中,是非常重要的。通常情况下,在训练的初期要侧重于身体训练,等达到一定的水平后再进行专项训练。

九、训练与比赛相结合原则

对于竞技运动员来讲,训练是为了参加比赛,获得理想的比赛成绩,而且训练效果只有经过实践的检验才能够知道。因此,应将训练与比赛相结合起来,具体来说,应注意以下几方面的内容。

（1）建立训练目标。运动的训练和比赛要有一定的目的性,对队员的具体情况进行分析和评价,作出科学的诊断,根据其具体情况建立一定的训练目标,制定训练计划是十分必要的。

（2）根据比赛特点组织训练。训练中,教练员应对比赛的竞技特点和运动员竞技能力结构特点进行科学分析,以便于科学安排和组织运动员进行训练。

（3）根据比赛需要确定训练运动负荷。教练员应根据运动员目前所处训练阶段及比赛的实际要求确定运动负荷。

十、符合实际原则

符合实际,即从实际出发,该原则是指在进行运动训练时,要根据具体的实际情况,因人、因项、因时而异。由于运动员的运动水平存在着较大的差异,因此要从训练对象的实际情况出发来进行合理的安排。

遵循从实际出发原则一定要注意以下几点要求。

(1)运动训练一定要有针对性,要紧紧围绕提高专项成绩和技术水平这一最终目标进行。

(2)要根据运动员的自身实际以及专项的需要,合理安排运动训练的负荷。

(3)要保证训练对象的各方面的运动素质均衡地发展,以适应提高运动技术水平的要求。

十一、及时调整原则

运动训练是一个动态的、变化的过程,并非一成不变,应根据运动员的训练效果和身体状况及时调整。

运动训练中,及时调整训练有助于运动员在身心健康发展的基础上,进一步发展运动素质和运动技能。如果运动员在训练时感觉身体状况欠佳,有炎症或出现疲劳症状(四肢无力、疲倦、头晕、恶心、心悸等)时,应立即停止训练,不要勉强。这是因为当机体状况不好时,机体的中枢神经对身体的控制能力就会大大下降,有机体对外界环境的适应能力和有机体的协调关系也会出现失调现象,如果仍然勉强坚持训练,不仅不利于取得理想成绩,反而会给身体健康带来不良影响。

当然,如果在训练过程中只是出现轻微的疲劳症状,可以采取休息、调整训练负荷、缩短训练时间等方法进行调节缓冲。这就要求运动员学会区分疾病性和运动性的疼痛,如果是肌肉的酸疼、胀疼则不必停止训练,应尽量坚持,做适当的调整与放松,通过超量恢复,会使机体得到进一步的改善与提高;如果是疾病性的疼痛则应及时停止练习,并及时就医,以免对身体健康造成不可挽回的损害。

第三节　现代运动训练的理念研究

一、尊重竞技规律

任何事物的发展都有其内在的规律特征,一般的,体育运动项目内部的基本矛盾以及体育运动的未来发展趋势受体育运动竞技规律的影响,体育运动竞技规律对促进运动不断向前发展具有积极的作用。现代运动训练要符合体育运动的一般规律。

（一）集体性

集体性规律主要是针对集体性体育运动项目而言的,该类运动比赛中既要充分发挥运动员个人的才智与力量,又要重视集体的配合。集体性是集体性体育运动项目竞技规律的核心,运动队的整体性目的和任务、个人的团队协作精神都可以在运动训练与比赛过程中的一切行动中体现出来。运动员只有在运动训练与比赛中将自己融入集体,充分发挥个人在集体中的主要作用,才能更好地为全队作出自己的贡献,提高全队的整体比赛能力。此外,教练员也要采取一定的措施与方法将运动员的积极性和主观能动性充分调动起来,在对全队的战术进行制定过程中,要考虑到整个运动队的利益,不可有所偏颇。综上所述,集体性体育运动项目运动训练的竞技规律表明,要遵循集体性原则进行运动训练。

（二）攻守平衡

进攻与防守之间的矛盾是竞技体育运动的主要矛盾之一。进攻的一方与防守的一方是对立统一的关系。竞技体育运动比赛中，要想取得成功或保持比赛优势，就要平衡进攻与防守，或进攻次数多于防守。根据当前体育竞技运动大的发展趋势可知，在比赛中取得胜利不仅需要有较高的进攻能力，更需要具备较强的防守能力，防守能力在一定程度上反映了运动员或整个运动队的总体实力。综上所述，在运动训练中，要强化平衡进攻与防守的意识，并加强这一方面的科学训练。

（三）全面与特长发展

该规律适合集体竞技体育运动项目的训练。具体来说，全面的内涵包括两方面，一方面是整个运动队要具备全面的总体实力；另一方面是运动员要具备全面的个人技术。特长是指在总体实力与个人技术全面发展的基础上，突出发展运动员的优势技术。运动训练发展的基本特征之一就是把运动员培养成既具有全面技术能力又具有特长技术能力的运动人才。

在竞技体育运动比赛中，运动队整体实力的好坏在一定程度上也可以从球队中拥有全面能力与特长能力的运动员的数量与质量中反映出来。所以，运动训练过程中，运动员要将自身全面能力与特长能力发展的关系处理好，教练员也不要一味地注重发展运动员的全面技术能力，也要在全面发展的基础上突出对运动员的特长技术进行科学训练，运动训练的辩证统一要求处理好运动员全面与特长的关系。

二、系统控制理念

（一）系统控制理念的内涵

所谓系统控制，即运用系统的观点和原理来指导运动训练实践。在某一事物系统中,从全局和微观入手,整体把握全局,协调系统中各要素,实现"整体大于要素之和"。运动训练中要擅长对系统控制理论进行合理有效的利用。运用时要以系统控制的基本理论以及运动的特点为依据,将运动训练系统明确化,接着从训练的实际出发,在训练系统中逐步有序地纳入训练方法与内容,然后充分发挥训练系统的控制作用,全面提高运动员的技战术能力、集体协作能力与竞赛能力,从而取得更好的训练与比赛成绩。

(二)训练系统控制的构成

竞技体育运动中,随着运动员的技能不断提高和发展,其对抗性与竞争性越来越强,且最终的比赛结果更加难以预估,这些特点对运动员的技战术水平、随机应变的能力以及团队合作意识提出了更高的要求。整体竞争力要以运动员个人的技战术水平为基础,球队的整体作战能力是决定比赛输赢的关键所在。

1. 个人训练系统

(1)身体素质训练:技术训练与战术训练要以运动员的身体素质为基础,运动员进行身体素质训练的过程是有目的、有组织、系统进行的。运动员要在运动训练过程中,对各种有效的训练方法加以综合利用,从而大幅度地促进自身体质、体格、身体各素质以及基础运动能力的提高。

(2)心理素质训练:训练系统控制中,心理素质训练与身体素质训练同样占据着重要的位置,对运动员进行心理训练的目的是提高运动员的心理素质。主要包括运动员的动作感觉、时间与空间感、运动员训练与比赛的情绪,比赛前的心理训练、比赛过程中的心理训练以及比赛结束后的心理训练。运动员的心理素质训练系统是完整有机的整体,科学的心理素质训练有利于提高运动员的技战术水平。

(3)技术训练:运动员在比赛中要采用一些专门动作进行

进攻与防守,比赛中要采用的基本比赛手段就是各种技术,因此比赛的核心就是技术,技术在一定程度上集中体现了运动员的才智、技能、反应与灵活能力以及心理素质,反映了运动员的综合竞技能力。

2. 运动队整体训练系统

(1)战术训练:集体运动项目比赛过程中,队员之间只有通过灵活运用战术,加强配合,才能取得胜利。最大程度地发挥运动员的个人特长技术,对对方施加制约的不利影响,将比赛的主动权控制在手,从而赢得比赛胜利是战术运用的主要目的。运动员的特长技术以及在本队所起的作用能否最大限度地发挥与表现出来是判断战术是否组织好的主要标准。

(2)实战能力:运动员的技能最终需要经过比赛实践的检验,技能与参赛经验的结合构成了运动员的实战能力。在激烈对抗的比赛中,运动员对个人技术加以合理运用之后取得良好比赛效果的能力就是所谓的实战能力。战术意识与战术指导思想是实战能力包含的两个主要子系统。

(3)团队协作意识:在集体性运动项目中,运动员有了较高的团队协作意识与能力之后,教练员与运动员之间、运动员个体的心理状态是比较融洽与和谐的。教练员与运动员就会形成统一的目标、意识以及价值观等,从而提高团队竞争与战斗能力。集体性体育比赛是群体之间的竞争,那么要求群体内部首先学会合作。合作是提高群体的竞争能力,是在与外部竞争中获胜的重要条件。

(三)系统控制的运用

1. 正确树立训练系统控制的理念

教练员要注意形成整体的训练意识,掌握系统的训练理论,正确树立训练系统控制的科学理念,训练过程中注意从整体进行具体把握,注重全局与整体的训练效益。教练员训练系统控制理念的正确树立有利于运动员的科学培养,有利于利用最短的时间对运动员的技战术能力进行大幅度提高,有利于整个运动队比赛实战能力的提高,有利于促进运动队的持续向前发展。

2. 以系统控制原理为依据制定训练计划

将科学合理的系统控制理论运用到运动训练过程中时,要对训练的系统加以确定,确定时要注意以下几点。

（1）以运动员的个体差异、技战术能力、身心素质、运动项目特点等为依据,确立后要将科学的训练计划制定出来。

（2）对运动的训练方法进行科学合理的运用,对训练内容进行有针对性的安排。只有合理排列系统控制训练的子系统,才能有效提高运动员的技战术能力与实战水平。

（3）注意有意识地将心理素质训练、团队协作意识的训练贯穿其中,并且注意采用训练系统的指标评价和检验训练方法。

3. 正确处理长期训练与赛前训练的关系

运动训练过程中对系统控制理论加以运用时,首先要明确运动队的训练目标与任务,正确处理长期训练与赛前训练的关系。运动员与运动队的全面、系统、协调及可持续性的训练与发展要注意从集体的总利益出发。对系统控制理论加以运用时,要注意以训练的目标及任务为根据,对长期训练与赛前训练的关系进行妥善处理,及时对训练计划作出调整。

4. 正确处理运动训练与运动比赛的关系

运动训练的效果不可与比赛结果等同,运动员的技战术水平、身心素质的好坏、比赛设施与环境的具体情况等都会对运动员比赛水平的发挥造成主观或客观的影响。要想取得优异的比赛成绩,就要对以下三个方面加以重视。

（1）要求运动员以最佳竞技状态发挥出最好水平。

（2）运动员要提高自身的应变能力,以比赛情况的变化为依据采取合理有效的战术。

（3）制定进攻与防守方案,方案要有利于运动队竞争能力的提高与比赛优异成绩的取得。

综上所述,运动训练不应该是盲目的,也不是单纯为了完成任务而训练,而是要通过训练提高运动员的竞争能力与比赛水平。

5.正确处理运动员与运动队之间的关系

运动队与运动员个人是整体与局部的关系,运动队要求运动员全面发展自身的身心素质、技战术水平、实战能力以及协作精神,但每个运动员之间的运动基础与身心素质是有差异的,因此,运动训练计划的制定要考虑到不同运动员的具体实际,计划要有针对性,要突出重点,要符合运动员的具体实际。对运动队在选材与培养运动员的过程中要对运动队的整体发展进行综合考虑,要对运动员个体与运动队之间的关系进行妥善处理,促使运动队能够不断向前发展,同时也要注意制定促进运动队发展的科学训练的长期计划。

6.重视全面系统的训练理论

理论与实践始终是要结合在一起的,运动训练实践需要充分发挥训练理论的指导作用。运动训练理论具有全面性与系统性,运动训练理论研究的全面性具体表现在对运动员的思想意识、技战术水平、身心素质等多方面进行的研究。技战术训练需要全面系统的训练理论提供一定的基础依据。

以篮球运动训练为例,训练实践中,运动训练方法与手段的科学选择需要运动员与教练员对能量供应系统及相互间的关系有所认识与掌握,运动员与教练员主要可以从研究训练系统能量供应的理论中获取这方面的相关知识。如有关专家系统地研究了篮球运动训练能量,结果表明,同时具备短时间内的快速移动能力与较长时间的耐力能力才称得上是一名优秀的篮球运动员。所以,篮球运动员的能量供应属于混合型供能,主要的供能系统是磷酸原系统。另外有关学者研究了篮球运动员的竞技能力,结果表明,身体形态与机能、运动素质、技战术以及心理素质等共同组成运动员的竞技能力。其中运动素质、技战术与心理素质是主要的组成部分。所以,在评价篮球技战术训练的过程中,主要的评价依据是运动员竞技能力的主要组成部分。篮球运动员竞技能力各因素的评价结果有利于促进篮球运动员竞技能力的提高与发展。

总之,在运动训练中,教练员要认真分析与研究运动员在以往篮球比赛中存在的各种问题,并科学预测未来比赛中可能出现的问题,这样有利于比赛问题的及时发现与解决,从而促进教练员比赛中指挥能力的提高。因此,对训练理论的科学研究能够促进运动训练水平的不断提高,这是经过运动训练实践证明的一条真理,因此必须重视对科学理论与理念的研究与应用。

三、教育性训练理念

（一）教育性训练理念内涵

现代科学教育理念重视运动员的综合素质发展与提高,科学的运动训练不仅要重视运动员的相关训练技能的掌握,同时对运动员在文化的教育和素质的培养方面也不能掉以轻心,并且对运动员要反复强调文化教育和素质培养所起到的重要作用,从而使训练和谐地与教育协调发展、相互促进。

（二）教育性训练理念的理论依据

教育性训练理念在其理论上来讲涉及许多方面,因此要想更加深入、全面地对教育性训练理念进行阐述,可以将其理论基础分为以下两个方面。

1. 重视运动员的健康成长

优秀的运动员必须是综合素质都较高的运动员,而运动员的自身文化教育的水平在很大程度上会影响其综合素质的提高和对运动技能的理解、学习、应用、创新,因此,要关注运动员的综合发展。

运动训练是涵盖在社会活动的范围内的,而其顺利进行通常要依赖于运动训练参与者(包括教练员和运动员)的密切配合,才能最终实现,达到目的。从这一点上可以了解到,教练员和运动员这两个运动训练中的主体的知识水平决定着竞技运动的发展。由于对运动员文化素质的培养的重视程度不够,使得在以往的运动训练过程中存在着许多不科学的现象,具体表现为很大一部分的运动员在运动的体能训练中由于信念不够坚定而力不从心,这使得运动训练很难达到预期的目标。

2. 重视运动员运动技能发展

运动员运动技能发展在很大程度上与其自身的文化素质教育水平有关。现代体育运动的较量,往往取决于体能、技能、心智能力等几大因素。在某些条件下,心智能力要较体能、技能更加重要,尤其随着运动员年龄的增长,这方面表现得更为明显。一般情况下,具有较高运动智能的运动员,其之所以能够大幅度提高整体上的竞技能力,除了由于其能够较为深刻地把握运动的特点和规律外,还能够更准确地认识运动训练理论和方法。

四、实践性训练理念

(一)实践性训练理念的内涵

运动员本身具有双重性,他们是技术的主体的同时又是技术的客体。技术的物质手段作为客体,与作为主体的主观精神因素是统一的。

(二)实践性训练理念的理论依据

实践性训练理念的理论基础是多方面的,为了能够更加全面、深入地了解技术性训练理念,将其理论基础分为两个方面。这两个方面同时也是对运动员的基本要求。具体分析如下。

1.训练要与客观规律相符

简言之,就是求真。所谓的求真,就是在运动训练的过程中,要以运动的本质特点和规律为主要依据,对训练进行科学的指导,力争做到结合实际,并且与事物的客观规律相符合。具体来说,运动员的技术应用应符合运动规律和项目的本质特征及规律。

2.训练要从实际出发

客观环境、条件是影响运动训练的重要因素。在现代运动训练中一切都要以符合实战为主,从实际出发和结合实战是训练最有效的方法。运动员通过不断的练习使他们能够在比赛中有着轻松、熟练的表现。要想取得理想的比赛成绩,一定要做到积极进行训练,并且训练尽可能与比赛相协调,最大限度地将比赛当中可能用到的部分练习到位。

五、人文操作性训练理念

(一)人文操作性训练理念的内涵

人文操作性理念强调关注运动员的尊严与独立性、关注运动员的思想与道德、关注运动员的权利、关注运动员生存状况与前途命运。

(二)人文操作性理念的理论依据

人文操作性训练理念的理论基础是多方面的。为了能够更加全面、深入地了解教育性训练理念,可从以下三个方面进行分析。

(1)研究表明,人的行为的实施在一定程度上受到人的感知或信念体系的指导。人的行为在于一个人的感知或信念体系。从人文主义、感知经验主义的角度上来说,人之所以能够有行为,主要是因为有人的感知或信念体系的指导。

（2）运动员运动水平的提高,基础性的要求是与自然规律和价值规律相符合。运动训练必须符合客观规律现代运动训练的基本要求。因此,为了取得理想的训练效果,在进行运动训练时,不仅要符合科学规律,还要在追求竞技水平提高的过程中符合人类正常的价值规律,并体现人文特征,实现科学性与人文特征的结合、统一,从而促进运动者的身心健康、全面发展,而不是单纯追求成绩而违背人的发展规律。

（3）人的主体性是人文的重点,这也使得人与技术的关系得到了进一步的明确。人是"技术"的实施者,这就明确了人的主体性以及人与技术的关系。运动训练的过程就是教育的过程,教育重视的是发展内在动力,行动力是由内在动力引导而来的。在运动训练中强调人文操作,能够摆脱金钱对体育运动的束缚,实现公平竞争,弘扬体育道德,培养人性,建立科学运动观和体育观。

六、国际化理念

当前,各竞技体育运动项目均呈现出多元化的发展趋势。究其原因,主要是一些国家的高水平运动员参加的国际比赛较多,而且愿意回自己的国家效力,从而提高了这些运动员所在国家的比赛水平。这些优秀运动员在回国后,将国际上一些科学的训练理念、创新性的一些训练方法与手段带回国,促使自己在该项目的运动竞技水平的提高。各国的教练员之间也不断创造互相学习与研讨的机会,在自己的运动队中引入其他国家一些先进的训练理念与科学的训练方法,从而促进世界竞技体育运动整体向前发展。逐渐国际化的竞技理念要求教练员要不断提高自己的教学与训练能力。

随着当前体育竞技的世界化和格局多变,国与国之间竞争激烈。就我国和国外竞技体育运动发展现状相比,国外的运动队更加注重团队合作作战能力的提高,重视发挥团队的整体力量。而我国运动队员之间的配合和默契则相对较差一些,因此要注重整体作战意识的培养与提高,要清楚地认识到树立集体意识与训练团队协作精神的重要性。运动训练中教练员起着举足轻重的作用,教练员的工作要贯穿运动训练过程的始终,要贯彻训练理念、制定训练计划、选择与运用训练方法等。总之,要在突出中国特色的基础上,与国际运动训练发展接轨。

七、与时俱进

随着现代科学技术的进步,运动训练从理论到实践不断推陈出新、日新月异。目前,改变传统经验的训练已经受到了社会各界有识之士的重视,借助新的科学理论(如系统论、控制论、信息论等),运用新的模式的训练实践正在不断被尝试和创新。

随着竞技体育运动的发展和科学技术的不断进步以及人们认知的提升,运动训练正在向着多样化的方向发展,训练方法日益多样化得益于运动员和教练员在运动训练方面积累了丰富的经验,因此,他们总结了多种多样的训练理论、训练方法、训练模式来指导训练。以训练方法创新为例,传统训练方法在运动训练中得到了保存,同时电刺激法、计算机训练法等新的训练方法因高科技手段的引进在运动训练中得到了应用,新的训练方法与传统的训练方法相结合,使得训练更加科学、有效。

因此,运动训练要在科学理念指导下,不断创新和突破旧有模式、方法、手段,要与时俱进,只有这样,才能进一步推动运动训练的科学化发展。

第四章　现代运动训练的手段与方法

随着现代科学技术的不断发展和科学理论的不断进步,运动训练的科学性在不断提高。在这一过程中,运动训练的手段和方法不断革新,运动训练逐渐呈多元化发展。为了理清现代运动训练的手段与方法,本章对相关的内容进行了分析。

第一节　现代运动训练的基本手段

一、运动训练手段概述

（一）运动训练手段的含义与作用

运动训练手段是指为了提高某一竞技运动能力、完成某一具体的训练任务,在运动训练过程中所采用的身体练习。它是具体的有目的的身体活动方式,是运动训练方法的具体体现。

在运动训练活动中,教练员、运动员通过采用具体的训练手段去完成具体的训练任务、提高某一竞技能力水平。运动训练手段的不断创新和科学运用对推动竞技运动发展水平的作用同样是十分巨大的。不同的训练手段具有不同的功效,科学地认识和应用不同训练手段的功效和特点,有助于科学地完成运动训练过程不同时期的具体训练任务,有助于科学地提高不同运动项目运动员的各类竞技能力。

（二）运动训练手段的结构和分类

训练手段的基本结构可从身体练习的动力特征、动作构成和动作过程三个层面予以解析。它的动力特征包括力的支点、力的大小和力的方向三种要素。动作构成包含动作的姿势、轨迹、时间、速度、速率、力量及节奏七种要素。动作过程包含动作开始、进行和结束三个阶段。由于动作的动力要素、构成要素和过程要素的变化，又组合出多种多样的训练手段。

依据不同的标准，运动训练手段有多种分类。以练习的目的为依据，运动训练手段可分为发展体能的训练手段，改进技术的训练手段，提高战术能力的训练手段，改善心理状态的训练手段；以训练手段的效果对专项能力的影响为标准，运动训练手段有一般训练手段和专项训练手段之分；根据训练活动中的应用价值，基本训练手段和辅助训练手段是运动训练手段的分类；以练习手段的动作结构特点为依据，则可以分为包含周期性练习和混合性练习的单一结构训练手段和包含固定性练习及变异性练习的多元结构训练手段两大类。本节对运动训练手段的具体分析主要根据最后一种分类来进行。

二、周期性单一练习手段

（一）周期性单一练习手段概述

周期性重复进行单一结构动作的身体练习就是周期性单一练习手段。周期性单一练习手段的练习动作相对简单、动作环节相对较少，对于练习者来说，比较容易学习、掌握并强化主要环节的训练。同时，由于该类练习的动作方式的设计较为容易，因此，体能主导类速度性、耐力性运动项群的主要练习和其他项群的基本练习常常选择这一手段。

周期性单一练习手段又可分为局部周期性练习和全身周期

性练习。身体某部位处于周期性运动状态特点的练习是局部周期性练习；全身各部位处于周期性运动状态特点的练习是全身周期性练习。

（二）周期性单一练习手段举例

1. 局部周期性练习

（1）快速挥臂练习：原地站立，头上方悬吊重沙袋，做扣排球动作，连续挥臂拍击沙袋若干次，练习若干组。要求：在动作正确情况下，强调挥臂和鞭打速度。

（2）拉橡皮带练习：立式上身前俯或俯卧式，两手由前方向后体侧拉橡皮带，反复多次做 3～10 分钟，练习若干组。在动作正确情况下，提高胸、臂部位的力量耐力。

（3）卧推杠铃练习：仰卧卧推凳上，两手与肩同宽握杠，由胸前上推杠铃至两臂伸直，连续上推若干次，练习若干组。在动作正确情况下，强调提高胸、臂部位肌群的最大力量与速度力量。

2. 全身周期性练习

（1）各种快跑练习：不同距离或时间的跑的练习，有向前跑、垫步跑、交叉步跑、后蹬步跑及并步跑等之分。各种快跑练习时，在动作正确情况下，对步法动作的规范性要有所强调，提高速度素质和动作的节奏。

（2）拉测功仪练习：坐在测功仪上，按划船动作，做全身性拉桨练习。练习时上下肢配合，全力做 6～10 分钟，做若干组。在动作正确情况下，无氧与有氧混合供能条件下的速度耐力和力量耐力要重点发展。

（3）跳推杠铃练习：立姿，两脚自然站立，与肩同宽。两手翻握轻重量杠铃放置胸前。全身用力时，两脚交叉步或并步跳起，同时，两手上推杠铃到头顶至两臂伸直。连续练习若干次，练习若干组。在动作正确情况下，无氧供能条件下的力量耐力和协调性素质要重点发展。

三、混合性多元练习手段

（一）混合性多元练习手段概述

混合性多元练习手段是指将几种单一结构的动作混合进行的身体练习。由于该类练习动作相对复杂、动作环节相对较多，因此，对复杂动作的神经联系的形成、技能储备量的提高，复杂技术动作的学习、掌握都非常有利；由于该类练习动作在练习的整个过程以非周期的方式表现，因此，对运动的协调性素质和时空感知能力的提高以及运动员的整个运动能力的提高非常有利。由于该类练习动作的环节较多，因此较易掌握不同环节的动作方法；由于该类练习动作特点与体能主导类力量性、技能主导类对抗性项群技术动作的特点类似，因此，该类练习手段可以作为这些项群的主要练习手段。

混合性多元练习手段亦可分为局部混合性练习和全身混合性练习两种类型。

（二）混合性练习手段举例

1. 局部混合性练习

（1）助跑起跳练习：助跑 10 米起跳跳远练习；5、7、9 步助跑单、双脚起跳手摸高练习；持竿助跑 30 米接插穴起跳练习等。助跑与起跳环节衔接连贯，转换速度快。

（2）摆浪收腹练习：撑竿跳高动作的辅助练习之一。助跑起跳后，双手握在吊绳上，身体悬垂并随吊绳摆动之势屈腿或直腿收腹起。摆浪收腹动作要协调。

（3）助跑掷球练习：手持轻实心球，加速跑 6～10 米后侧交叉步跑 3～5 步，按掷标枪动作将球掷出。助跑过程节奏清晰，出手速度快。

2.全身混合性练习

（1）跑动跨跳练习：中速跑，每跑3步跨步跳1次，连续跨跳10次。如固定距离可计时进行。每组练习3～5次，练习2～3组。要求：摆动腿尽量向前摆出，速度始终如一。跨步的幅度要大，以提高爆发力素质。

（2）助跑扣球练习：按排球助跑扣球完整动作的方法进行实际扣球练习。每组练习5～8次，练习3～5组。要求：助跑节奏清晰，起跳快速有力，跃起滞空时间较长，扣球挥臂迅速，落地缓冲轻松。

（3）助跑掷枪练习法：按完整掷标枪动作练习。助跑快速，变步清晰，制动有力，挥臂快速，出手利索。

四、固定组合练习手段

（一）固定组合练习手段概述

将多种练习手段依固定形式组合的身体练习称之为固定组合练习手段。运用该练习较易学习、掌握、巩固和应用成套的固定组合的练习动作，使练习动作娴熟化；较易获得与技术动作相匹配的运动技能和运动节奏，进而有利于提高运动能力；较易形成复杂动作的暂时性神经联系、提高技能的储备量和学习、掌握较为复杂的技术动作；较易获得运动的协调性素质和时空感知能力。由于该类练习动作特点与技能主导类表现性项群技术动作的特点类似，因此，该类练习手段是上述项群的主要练习手段。

（二）固定组合练习手段举例

（1）有氧健身操练习：按预先编排动作，进行包括各种跳跃、滚翻及换步跑动动作在内的成套动作的组合动作练习。在动作正确情况下，有氧健身操持续练习10分钟以上，并达到提高有氧代谢能力的目的。

（2）彩带操螺形基本技术练习：将不同方向、不同部位的水平螺形与垂直螺形变换的组合练习。手臂要伸直，手腕转动要规范。

（3）各种自选拳练习：根据武术规则，将各种拳法、腿法及身法动作编排为成套的自选拳组合动作进行练习。在动作正确情况下，要按规定时间和技法完成练习，并达到提高无氧代谢能力的目的。

（4）各种协调性练习：将各种脚步动作、跳跃动作和滚翻动作有机地编排成为各种成套的组合动作进行练习。注意各个基本动作之间的衔接和动作的协调性的提高。

五、变异组合练习手段

（一）变异组合练习手段概述

变异组合练习手段是指多元动作结构下，将多种练习手段依变异形式组合进行的身体练习。通过各种变异组合的练习，运动过程的应变能力可以得到有效提高；使复杂状态的预见能力、各种运动战术的应用能力可以得到提高；使运动技术、运动战术相匹配的运动机能能力可以得到提高；使信号刺激的复杂反应能力可以得到提高，技能的储备量和较为复杂的技术动作的掌握程度可以得到提高；运动的灵敏性素质和时空感知能力也可以得到有效提高；由于在动作特点方面类似，技能主导类对抗性项群技、战术动作通常采用该类练习手段作为主要练习手段。

变异组合练习手段主要包括局部变异组合练习和完整变异组合两种类型。

（二）变异组合练习手段举例

1.局部变异组合练习

（1）进攻战术配合练习：在设置防守对手的情况下，专门进行少人或多人的某几种进攻战术配合应用的练习。在恰当的进攻时机,要选择适宜的进攻战术形式,并能合理地形成战术配合。

（2）防守战术配合练习：在设置进攻对手的情况下,专门进行少人或多人的某几种防守战术配合应用的练习。在对手进攻方式的变换下,要能及时选择适宜的防守形式并能合理地形成防守战术配合。

2. 完整变异组合练习

（1）各种同场性对抗练习：篮球、足球、手球等同场性项目的半场或全场实战练习。要求：攻防配合形式多、基本技术动作好、集体战术选择正确、个人战术应变快。

（2）各种隔网性对抗练习：排球、网球、羽毛球等隔网性项目的半场或全场实战练习。要求：攻防配合密切、基本技术扎实、战术选择正确、战术应变迅速。

（3）各种格斗性对抗练习：摔跤、散手、拳击等格斗性项目的半场或全场实战练习。要求：攻防格斗动作快、脚步移动变换快、个人战术变换快。

第二节　现代运动训练的基本方法

一、重复训练法

所谓重复训练法,指在不改变动作结构和运动量,在相对固定的条件下,对某种动作采用同一运动负荷和相同的间歇时间进行多次练习,以达到增加运动负荷和巩固技能的目的。在训练实践中,重复训练法主要是通过同一动作或同组动作的多次重复,不断强化运动者的运动条件反射的过程。关于重复训练法,可以根据不同的分类标准将其分为以下两大类。

（1）按练习时间长短,重复训练方法可分为短时间（不足 30 秒）重复训练方法（主要用于训练各种基本技术、高难技术的组合练习,以及有关速度素质和力量素质的发展)、中时间(0.5 ~ 2分钟)重复训练方法(主要用于整套技术动作的练习)和长时间(2 ~ 5分钟)重复训练方法。

(2)按训练间歇方式,重复训练法可以分为连续重复训练法和间歇训练法。重复次数不同,对身体的作用不同,对巩固机能的作用也不同。

运动训练实践证实,重复训练法有利于运动员掌握和巩固技术动作,使机体产生较高的适应机制,有利于发展和提高运动员的技术水平和机体机能。

二、循环训练法

循环训练法要求运动员根据运动训练的具体任务,把按预先设计的多项活动内容设计成若干个站,在训练过程中使运动员带有一定顺序一站一站地进行练习,运用循环练习的方式周而复始、循环往复地进行练习的方法。一般的,开始时先练一个循环,过2 ~ 3周再增加一个循环,逐渐增加到3 ~ 4个循环,但最多不得超过5个循环。一次循环中应包括6 ~ 14个不同的练习,每个练习间歇为45 ~ 60秒钟,每个循环间歇为2 ~ 3分钟。该方法对刚刚参与运动训练的运动员较为适用。概括来讲,循环训练法的作用主要表现在以下三个方面。

(1)循环训练法有利于增强运动员的肌力、增强心肺机能、提高身体素质。

(2)循环训练法可消除枯燥感,机体肌肉的局部负担不重,不易疲劳,能调动运动员的积极性。

(3)循环训练法可因人而异地区别对待和解决负荷量问题,避免运动者过度紧张状况的出现。

科学实施运动循环训练,要求运动员的运动训练应突出重点,因人而异地确定循环训练的负荷,如赛前训练要以套路训练为主,以基本功和基本动作训练为辅,而素质训练只能因人而异,同时要防止局部疲劳积累而产生劳损。此外,在训练过程中应根据阶段训练任务的变更及时进行调整或变换。

三、变换训练法

变换训练法是指有目的地变换练习负荷、动作组合,以及变换练习环境、条件等情况进行训练的方法。可分为连续变换与间歇变换两大类。

运动训练中变换训练法的应用十分广泛,例如,变换动作要求(动作速度、幅度、距离等)、变换动作形式(原地传球、跑动中传球)、变换动作组合(原地接球跳投、移动中背向篮接球转身跳投)、变换运动量(同一训练时间不断增加运动量或强度或运动量时大时小)、变换训练器材(用小篮筐、加重球)、变换训练环境(馆内、露天、气候变化、高原训练)等。

四、间歇训练法

所谓间歇训练,具体是指重复练习之间按严格规定的间歇时间休息后再进行练习的方法。训练中练习间歇时间的长短,取决于训练的目的、训练的强度、运动员的训练水平和身体状况。间歇训练法由五个基本要素构成,主要包括每次练习的数量、每次练习的负荷强度、重复次数(组)、间歇时间和休息方式。

在超量负荷原理的指导下,运动训练中,可通过提高每次练习的强度,增加练习的重复次数和调整间歇时间。在规定间歇时间上必须做到科学、合理,训练负荷要符合运动者承受负荷的能力,过大或过小都不利于良好训练效果的实现。需要注意的是,运动员必须在机体尚未完全恢复时就进行下一次练习。

运动员采用间歇训练法参与运动训练,不仅能有效地提高呼吸机能,提高机体糖酵解能力和耐乳酸能力,还能在练习期间及中间间歇期间使运动员的心率保持在最佳范围之内,有助于改善运动员的心泵功能。

五、比赛训练法

比赛训练法是指组织竞争性的、有胜负结果的、以最大强度完成练习的训练方法。它包括教学比赛、检查性比赛、适应性比赛等。比赛训练法对于运动训练的意义主要体现在以下两个方面。

首先,比赛训练法能结合实战提高运动员的技术、战术、身体训练水平和心理素质。

其次,比赛训练法是调动运动员训练和比赛积极性的有效手段,它可以激发运动员的斗志,促进运动员积极向上、克服困难,从而创造优异的运动比赛成绩。

六、模拟训练法

模拟训练是针对比赛中可能出现的情况进行模拟实战的反复练习的过程,其作用在于使运动员适应各种比赛条件,保证其各项技术以及制定的相关战术在多变的、激烈的比赛情境中也能够正常地发挥。

七、心理训练法

运用心理学的手段来提高运动员的心理素质和运动成绩的训练方法叫作心理训练法。心理训练方法主要包括运动的表象训练法、想象训练法、语言暗示训练法、放松训练法和生物反馈训练法。

心理训练与传统的身体训练、技术训练、战术训练和人格修炼相结合,构成了现代运动训练的完整体系。

（一）心理训练的要求

心理训练是现代训练的必不可少的重要组成部分,它不仅能够使运动员的心理过程不断完善,同时还能够使运动员的身体素质和技战术能力得到全面的提高。

1. 结合体能的心理训练

一些集体性球类运动项目的心理训练,应结合体能训练进行,因为,在比赛中,总是伴随着激烈的竞争和身体对抗,并且这一趋势在不断加强,这就要求运动员在激烈对抗的环境下保持良好的心理素质。运动员的体能训练是培养运动员目标设置,培养坚韧、顽强的意志品质最有效的方法和手段。

2. 结合技术的心理训练

技术训练是运动训练的重要的内容,在任何时期、任何阶段都要长期坚持不懈。技术是运动员能力的重要体现,而技术训练的过程也是提高运动员的思维能力和创造能力的过程。在训练时,心理训练是对专项技术的重要的补充,它是为技术训练服务的。在训练过程中,要充分地理解心理素质对技术的完善和发展作用。

3. 结合战术的心理训练

战术训练中包含的最重要的心理训练内容就是思维训练和团结凝聚力的培养。战术训练和心理训练相互结合不仅能够培养运动员的个人战术意识,同时,对于其集体思维意识和团队配合意识都有一定的促进作用。运动员在比赛过程中的观察、判断和团队配合等各项活动都需要借助于一定的心理参与过程。

(二)心理训练的程序

心理训练是一项相对较为复杂的工作,并没有统一的训练程序,其一般根据训练的性质、目的和内容的不同,可按如下的步骤进行。

1. 一般心理训练的程序

(1)进行心理学理论知识和操作技能、测评方法方面的准备,提高心理训练方面的科学性。

（2）对运动训练的各方面进行分析和探讨,熟悉其各个环节可能存在的各种心理问题。

（3）建立运动员的心理档案,以方便进行心理训练。

（4）在训练过程中,应对运动员进行相应的心理诊断。

（5）心理训练应和其他训练一样具有可行的心理训练计划。

（6）在进行各种技战术训练的同时开展相应的心理训练。

（7）对心理训练的效果进行评估,并积极对训练方法、内容等方面进行修正。

2．赛前心理调节的程序

（1）提高运动员对心理训练方面的认知,保持积极良好的态度。

（2）对比赛的资料进行收集、整理、分析,了解可能出现的赛场情况。

（3）了解可能出现的心理问题,并识别其征兆。

（4）积极进行赛前心理诊断。

（5）针对具体情况采用相应的心理训练策略。

（6）实施心理训练的策略、方法与手段。

（7）总结经验和教训。

八、极限训练法

在运动训练过程中,常常会采用极限训练法,这是因为,极限训练法能够使运动员的专项素质得到较大程度的提高。极限训练法的运用,往往是通过采用高密度、大强度、长练习时间的训练内容进行专项训练而实现的。另外,由于极限训练法对训练的质量的要求很高,因此,往往能够取得理想的训练效果。在采用极限训练法时,教练员还要注意运动负荷的合理性,否则,运动负荷过大,会给运动员的身体造成损伤,运动负荷过小,则不利于运动员技战术运用能力的提高。

九、综合训练法

综合训练法是指把重复训练、循环训练、变换训练等各种训练法结合起来运用的一种综合性训练方法。在运动训练实践中，各种训练方法并不是单一地存在和使用的，因此，综合训练法的应用比较普遍。

综合训练可灵活地调节运动训练负荷与休息，使其更圆满地达到训练要求，从而有效地发展运动员的运动素质，提高其运动技术水平。

随着现代科学技术的进步，运动训练方法不断推陈出新、日新月异。目前，借助新的科学理论（如系统论、控制论、信息论等），运用新的模式的训练方法被不断提出，并在运动训练实践中得到了应用。

第三节 现代运动训练的创新研究

一、核心稳定训练

（一）核心稳定训练的概念

核心稳定训练是近几年来新兴的体能训练方法，其发展与功能性训练具有一定的相似性。在 20 世纪 90 年代初，国外的学者开始认识到躯干肌在人体运动中发挥的重要作用，并逐渐将其应用于康复训练和健身之中，之后逐渐被应用于竞技体育领域。

学者研究认为，核心稳定性与核心力量是两个不同的概念，核心力量是核心部位与肢体的力量能力，而核心稳定性则是核心力量训练的结果。研究表明：核心稳定性训练能够提高人体在非稳态下的控制能力，增强平衡能力，更好地训练人体深层的小肌肉群,协调大小肌群的力量输出,增强运动机能,预防运动损伤。现代体能训练中,特别重视核心稳定性和核心力量的训练。

在训练实践过程中,核心的稳定性主要是指骨盆和躯干力量的稳定性。躯干部的脊椎是靠腹背肌来维持身体的基本姿态或运动的,因此,腹背肌的锻炼对于身体姿势的保持具有重要的作用。骨盆的稳定性又与髋关节前后左右的肌群能力有关。所以在体能训练中一定要全面发展身体中枢的稳定性。

传统的训练时,对于中枢力量的训练经常被忽视,或训练方法不得当,从而导致身体中枢在运动过程中缺乏必要的稳定性。由于躯干一半以上的中枢肌群是呈纵向或横向排列的,因此中枢的力量练习应同时包括腹部的屈和旋转两种运动形式。躯干稳定性的力量练习包括多种方法,其关键在于要使躯干处于失衡状态下进行训练。

(二)核心稳定训练的不同训练阶段安排

1. 初级训练阶段

核心稳定性训练的初级阶段,在第一周主要针对运动员的肌肉力量和稳定性进行练习;第二周主要针对运动员的肌肉耐力和控制性进行练习;第三、四周则是对前两周的基础训练进行相应的综合性练习,使得运动员的综合素质得到相应的提升。

2. 中级训练阶段

中级训练阶段是核心稳定训练的适应阶段,这一阶段是为更高级的训练打下基础的阶段。在中级训练阶段,第一周的训练主要是对运动员的肌肉力量稳定性和稳定控制能力的训练;第二周的训练主要是针对运动员的肌肉耐力和稳定控制能力进行的训练;第三、四周的训练是对前两周训练的综合、提高,最终使得运动员的肌肉力量和控制能力得到相应的提升。

3. 高级训练阶段

高级阶段是核心稳定性训练的强化阶段,这一阶段是在上两个阶段的基础上,对综合器械进行的训练,以进一步提高运动员的综合素质。本阶段的训练具有一定的针对性,根据运动员的特点展开训练,女运动员动作难度可适度减小。

需要指出的是,核心稳定性训练需要制定更为科学、严密的训练计划,同时也应长期坚持,这样才能够保证训练效果的实现。在训练过程中,应根据运动员的实际情况来制定相应的训练计划。应在对核心稳定性训练有充分了解的基础上,更加广泛地应用核心稳定性训练理论。在核心稳定性训练过程中,应结合不同体育运动项目的专项训练特点,提升训练的质量。

二、功能性训练

功能性训练是专门提高运动员专项运动能力的一项运动训练方法。它能够加强运动员的核心力量,并能够对人的神经系统进行训练。它是关于运动员身体的多关节、整体性和多维度的训练,主要包括动作的稳定性以及加速和减速练习。

功能性训练的重点是对动作和姿势的准确性的掌握,加强运动员对身体肌肉的控制力,而不是练肌肉的发达。它是对身体的多维度训练,在这一过程中,平衡控制和本体感受纳入是其训练的重要内容,并强调全身动作的一体化和控制下的平衡性。平衡稳定性是竞技体育的"功",功能训练的核心是训练技术动作的整体性和神经肌肉系统的本体感觉,本体感觉是技术感觉训练的重要途径。功能性训练服务于比赛需要,能够有效提高运动员的专项竞技能力水平。

另外,功能训练还表现为对静力姿态和动力链的效果评估,对阻力训练效率的结构设计,可用于纠正代偿、功能障碍和核心稳定性。功能训练的质量特征,可通过动作幅度、身体控制力、平衡能力和一般稳定性来反映。

相比于传统的训练方法,它能够提高运动员的专项能力水平,是在运动员具有一定的体能训练基础后进行的训练。一般高水平的运动员会采用这种训练方法。功能训练的有氧和无氧运动的强度、持续时间、频率应依据专项对其不同要求而确定；阻力训练的运动形式、负荷和练习的时间都取决于专项对运动员的需求。

（一）功能性训练内容体系

功能性训练是一个方法体系，具体包括核心区训练、平衡性训练、增强式训练和速度、柔韧性以及反应训练四方面的内容，从多方面对人体进行训练。

1. 核心区训练

传统的体能训练经常忽视对人体的核心区域和神经肌肉的控制效率的训练。训练实践表明，对人体的核心区域进行训练有利于提高四肢末端力量、爆发力。稳定的、强壮的、相对高效的核心力量是整体上发挥竞技能力的基石，同时有助于减少运动损伤。经济学将商品的生产过程看作一个生产链。相应的，对于人体技术动作的完成也可将其看作是一个链条，其最终的"商品"是技术动作的完成。在这一过程中，相应的肢体要参与其中，完成相应的动作要求，实现力量在各个环节的传递。核心（人体横膈肌以下至盆底肌之间的区域）在动量传递上起着承上启下的作用，它相当于人体的"物流中心"，是运动链上的枢纽。另外，人体在运动过程中身体处于不断的变化之中，是一种平衡和不平衡之间相互转化的过程，在这一过程中，人体的核心力量发挥着重要的调节作用。

2. 平衡性训练

平衡性训练能够有效提高神经肌肉的控制效率，在实际训练过程中，应在充分调动本体感觉的训练环境中进行平衡性训练，这样有助于激活神经肌肉控制使之产生适应，有利于提高神经内部和外部的协调。肌肉外部的神经协调就是肌肉内神经系统募集运动员、发出冲动和同步的能力。

3.增强式训练

运动训练过程中,人体肌肉系统必须快速反应,在神经系统的支配下完成相应的用力要求。提高竞技表现能力和中枢神经系统主导下产生的力量大小紧密相关。大多数的人体运动都是肌肉"伸展—缩短"的周期运动。而缩短离心收缩和向心收缩之间的时间,就可以在一定程度上提高神经肌肉效能和产生力的频率。体能训练计划中应重视身体整体部位的增强式训练。

4.速度、柔韧性以及反应训练

人体在运动过程中,需要在不同的方向上进行一定速度的运动,通过适当的训练可以提高速度、变向能力、反应时间。这种将速度、柔韧性和反应能力融合进行的训练,有利于将三种独立的运动素质实现功能整合。

在体能训练计划制定时应在一般身体素质的基础上融合功能性训练,以实现传统训练和功能训练的有效结合,整合训练的效果,实现优势互补。需要注意的是,在训练过程中不能过于强调核心区的训练而忽视传统训练。

(二)功能性训练方法研究

1.功能动作筛查

功能动作筛查是对运动员的检查和预测,这一完整的系统包括七个步骤,其中有三个排除性的测试。通过各个步骤的观察,能够对运动者的基本动作模式进行排序,并对各个动作的局限性和不标准现象进行确认和分类排序。功能动作筛查不仅能够对无明显运动损伤的运动员的身体薄弱环节进行训练之前的观察,同时也是对伤患运动员的伤患部位进行康复性训练和恢复之前所采用的观察方法。专业的运动员在进行专项运动训练之前都要进行功能动作筛查,如果发现相应的不利因素或潜在健康威胁,则应积极进行矫正或治疗。

2. 防治运动损伤

运动损伤即为由于运动造成的身体损害或疼痛,一般而言,我们将运动损伤分为两类,即为急性运动损伤和慢性运动损伤。急性运动损伤一般是指那些在一瞬间发生的运动损伤,如扭伤、挫伤和骨折等损伤。慢性运动损伤一般是指长期的积累和磨损而出现的损伤,常见的慢性运动损伤有滑囊炎、软骨磨损、腰肌劳损等。为了便于治疗,一般根据运动损伤的严重程度又可将其分为轻度、中度和重度损伤三类。

在伤病恢复过程中,第一,教练员要对运动员进行积极的主观询问,确定其伤病情况,了解其伤病的疼痛点,同时,还要通过其病史了解相应伤病年限;第二,要对运动损伤部位进行积极的临床诊断,掌握病痛的缘由和具体位置;第三,对运动员的各项动作进行选择性的功能筛查,并将一些理论和概念应用于具体的康复实践中;第四,积极进行治疗,确定损伤恢复的方法,一般而言,其损伤恢复的方法应根据具体的损伤来确定。

3. 动作准备训练阶段

在训练课之前的准备活动中,通过进行一些功能性动作,使得人体核心部位的肌肉、关节和韧带进行一定程度上的动态拉伸练习,这被称为动作准备训练。通过动作准备训练能够增强人体的兴奋性,使得人体运动系统协调稳定,内脏和呼吸也能够适应人体运动引起的变化,这对于运动员基础动作模式的掌握较为有利,同时,还能够预防运动损伤,提高竞技能力。动作训练的准备训练阶段包括四个层次的准备训练,分别为臀部激活训练、动态拉伸训练、动作整合训练和神经激活训练。臀部激活训练,即为通过特定的动作模式活动臀大肌,使其更好地适应接下来的高强度训练和比赛的训练方式;动态拉伸训练,即为通过一系列的动态肌肉拉伸动作,增强肌肉的弹性和活性,避免在大强度的运动中拉伤;动作整合训练,即为充分动员各个身体环节,使人体快速进入比赛或训练的状态;神经激活训练,即为通过各种手段调动神经的兴奋性,控制相应的肌肉运动使人体状态达到最佳。以上动作准备活动的四个方面能够有效调动神经兴奋性,从而为专项化训练做准备,防止运动损伤。

4. 超等长训练

超等长训练即为对神经—肌肉的激活训练,通过肌肉的快速伸缩和复合,从而使得肌肉力量在短时间内增强。超等长训练能够使得运动员更好地适应运动比赛的需要。一般而言,超等长训练根据运动员身体所处的状态可分为不稳定和稳定状态下的超等长训练。

超等长训练能够使运动员在较短的时间内获得较大的力量,是最为有效的发展爆发力的训练方式之一。不稳定状态下的下肢超等长训练包括快速跳跃、之字型跳跃等,上肢训练方式主要有实心球转体练习等训练方法。通过以上训练方式能够有效增强运动员本体感知能力。另外,超等长训练能够在短时间内增强肌肉力量,这在一定程度上发展了运动员神经的兴奋性。

5. 动作模式训练

动作是人们做的所有练习和活动的基本,人们掌握的基本动作技能就是动作模式。训练实践表明,通过进行各种形式的训练动作能够增强肌肉的功能,但是,通过相应的肌肉训练却并不能使运动员的专项技能得到提高。一般认为,动作的程序和模式决定了动作的质量,是动作的本源,而人体各项身体素质则是对动作的定量描述,这脱离了动作的内在本质。

良好的动作模式必须借助于运动者各个肌肉链(前链、后链、侧链等动力链)发挥的绩效能力。对于高水平的羽毛球运动员来说,他们能够在复杂快速的运动中依然保持高度的稳定性和灵敏性,这保证了其在高强度的比赛中高效发挥技能水平。高水平运动员的这一特点依赖于其动作模式的稳定性和准确性,在尽可能地减少能量损耗的同时,还能够通过身体姿势的调节作用来控制身体的各个环节,使人体能够高效地发挥动力链的效力。另外,良好的动作模式还能够充分利用神经—肌肉的调节和配合,使人体状态得到优化。

动作模式训练是身体功能训练的重要方面,在训练过程中运动员的各项动作要具有高度的稳定性和协同性,这就要求运动员的神经系统发挥高效的调节作用。在羽毛球的动作模式训练中,要结合运动员自身的特点进行动作模式训练,保证每一项技术动作的准确性。通过动作模式训练,不仅能够增强运动员对基本动作技术的理解和掌握,还能够有效提高其专项技战术能力。

6. 功能性力量训练

功能性力量训练是对人体的全面训练,在训练过程中,注重人体的核心肌肉训练,保证人体动力传递的高效进行。同时,该种训练方式还注重人体在不稳定状态下的运动能力,强调对各肌肉和关节的综合训练,以及神经对肌肉的控制能力的增强。功能性训练能够提高机体在运动中的协调和配合能力,能够使各动作之间衔接流畅、配合完美,使得整套动作节奏鲜明,运动流畅,最终实现整体力量训练的目标。

功能性力量训练对动作完成的质量具有较高的要求,在此基础上进行一系列不同的维度和平面的动作力量训练。其一般的训练手段有核心力量训练、悬吊训练、振动训练等,在训练过程中应针对不同动作技术采用不同的方式,一般而言,其基本的训练手段有如下几种。

(1)核心力量训练

核心力量训练即为对躯干核心区域肌群的训练,一般主要是对深层稳定肌的训练。通过核心力量训练,能够增强运动员对肢体的协调和控制能力。这些肌群的主要工作方式是静力性工作,并且只有在长时间的持续活动时才能够被激活。在运动过程中,这些肌群保证人体的稳定性,使力量的传递流畅进行。

在进行核心力量训练时,身体姿势处于不稳定的状态,而正是在这一状态下,激活并募集稳定肌将变得更为有效。良好的核心肌肉力量是各环节力量流畅、高效运作的重要保证,它是人体力量传递的重要枢纽。例如,在进行猛力跳起挥臂动作时,如果核心力量稳定,则能够保证跳起时下肢的力量能够有效传达至手臂,在这一过程中损耗较少的能量,从而使得挥臂的动作获得加速度;同样,在上肢力量通过核心肌群传递给下肢时,也能够增强肢体之间力量的传递。

（2）悬吊训练

悬吊训练法也是一种核心力量的训练方法。这种方式的训练需要将人体的某一部位悬挂起来,在这种状态下进行相关的训练,达到增强核心肌群的稳定性和控制性的作用。

这种训练方法强调神经对运动的控制力,充分调动神经的募集。在进行悬吊训练时,人体处于不平衡的状态,人体通过自我调整来募集各种神经运动单位。在训练过程中,以人体局部稳定肌为切入点,增加其在不稳定状态下的负荷刺激,同时,有意识地对运动器官的运动感知觉进行训练。除此之外,悬吊训练法对于运动员伤后恢复期的训练也具有重要的意义。通过相应的悬吊训练,能够有效发展伤患部位的肌肉力量,从而能够对一些职业病起到康复和减缓的作用。

（3）振动训练

振动刺激在 20 世纪 60 年代主要应用于恢复康复领域。通过一定系统的振动训练,能够更多地激活运动员的本体感受器,从而增强对其自身的机体运动的感知能力。振动训练一般采用抗阻训练的方式,通过抗阻刺激训练,人体的肌肉获得双向的刺激,使屈肌和伸肌的力量同时得到增强,并且这种对肌肉力量的增强作用效果显著。

不同频率的振动刺激能够有效增强神经中枢系统的功能,使得神经系统对肌肉的控制作用增强,从而使运动者在完成动作时表现出更好的协调性和灵敏性。另外,该种训练方式能够使肌肉力量得到平衡的发展,使主动肌和被动肌的力量能够得到共同发展,有效避免肌肉力量的不平衡而造成的运动损伤的出现。振动训练对肌肉的刺激产生的低频波能够在肌肉纤维中进行传导,从而使得更多潜在的运动单元被激活,在相同的训练负荷下,能够动员更多的运动单元,从而使肌肉力量增加。研究表明,人体对振动刺激的适应能力相对较弱,这就使得在相同的运动负荷之下,振动训练能够取得相当于其他训练形式的多倍的效果。

(4)本体感觉训练

本体感觉训练是身体功能训练的重要组成部分,它是对运动员运动感觉系统的训练。这种方式的训练一般通过增强人体感知自身的空间、速度和方向的变化来增强其本体感受功能。本体感受器一般分布于肌肉肌腱和关节囊中,人体在运动时,各相关部位的感受器能够感知肌肉的牵拉和收缩程度以及关节的伸展程度等,使人产生躯体的感觉,又称为本体感觉。本体感觉训练方式的基本特征主要表现在如下几个方面。

①本体感觉训练是人体在不稳定状态下进行的训练负荷效应。

②本体感觉训练时,一般会对负荷量的运动速度等进行多种变化。

③本体感觉训练一般采用由易到难的训练刺激,循序渐进地激发本体感觉器官。

④本体感觉训练要遵循从感觉系统反馈到神经系统,由神经系统进一步作用于肌肉系统的过程。

⑤本体感觉训练是对人体的全面的训练,因此,要求多种感觉器官的共同参与。

⑥本体感觉训练一般不会作为一项单独的训练形式而存在,它一般会与专项训练相结合。

(5)平衡能力训练

平衡能力训练的关键在于提高神经系统和肌肉组织的效率,它是一项逐步进行的、系统的过程。在训练过程中,通过改善肌肉的效能,从而能够募集到更多的神经元,达到对身体更好的控制能力。

7. 恢复再生训练

恢复再生训练不同于一般的运动恢复训练,它是在训练课前后通过各种手段对人体的相关肌肉、关节和韧带等进行一定程度的放松,从而达到愈合骨骼肌超微细损伤、减轻肌肉酸疼、促进淋巴血液回流等目的的训练方式,一般的方法有按摩、理疗等方法。恢复再生训练能够有效地克服运动员在训练过程中产生的身心疲劳。

三、方位训练法

动作方位指动作在完成过程中相对于空间和身体部位的方向和位置。提高训练者的动作方位也就是要提高运动员空间感的准确性。

该运动训练方法适于体操、健美操类运动训练。

(一)动作方位训练法

运动训练中,可以沿用体操中动作坐标系来判断动作方位,帮助运动员分析动作完成的角度和方向的准确性。训练中,应该明确每个动作在完成过程中,如手臂所走的平面、角度和高度,下肢的站位和空间位移的角度、弧度、高度等,这样才能准确完成每一个动作,使动作标准规范。

动作方位对于完成成套动作中的每一个动作都是十分重要的,竞技健美操中强调动作"准确到位",就是指动作方位的准确性。

(二)镜面方位校对训练

在操类运动训练中,镜面方位校对性训练不仅是指运动员面对镜子练习动作的准确性,也指运动员相互或面对教练员完成操化动作的训练。镜面方位校对性训练可以清楚、准确地帮助运动员建立正确的动作方位感,让运动员对自己容易犯错的动作角度、高度、弧度和动作方位有清晰的认知,这样可以及时纠正和调节运动员的方位错觉,使运动员在较短的时间内提高动作的准确性,建立标准的方位感。

（三）定位训练

定位训练,是指运动员在训练操化动作的过程中,对每一拍上肢动作和下肢动作都要求达到规定位置的训练。开始训练可放慢动作节奏,让运动员充分感觉动作在规定位置的感觉,等运动员能够习惯性地达到定位点后,再加快动作节奏直至比赛要求的速度。此外,教练员还可以在定位点设置障碍物帮助运动员建立方位感。

定位训练容易出现僵硬的动作和机器式的动作感觉,所以定位训练应该注意调动运动员的动作表现力,在定位中强调动作发力和制动的感觉。

四、高频重复性训练

高频重复性训练是指运动员在规定的时间内高速度重复具体动作的训练。如果说高速度训练是提高运动员速度素质的一般训练的话,那么高频重复性训练是针对提高具体动作的速度训练,高频重复性训练要求教练员规定具体动作训练时间,要求运动员以重复速率的提高为标准提高运动员的具体动作的运动速度。重复性训练并不是对质量没有严格要求,而是强调每次重复都应该使运动员在原有的基础上通过对动作技术和对运动路线的熟悉,最终达到高质量自动化完成。

五、程序训练法

程序训练法是指在运动训练中侧重于通过对训练内容的系统性安排和强调训练过程的时序性,来科学控制运动训练过程的训练方法。在训练过程中,训练程序指的是将训练过程的时序性与训练内容的逻辑性融为一体的有序集合体,作为程序训练法的控制依据,其体现了运动员在训练过程中的不同时期、阶段中的具体训练内容间的关系,程序训练法要求运动员科学编制训练程序。

程序训练法由四种构件组成:一是训练程序;二是检查手段;三是评定标准;四是训练方法。与模式训练法相比,在检查手段、评定标准及训练手段等三大构件方面,程序训练法的组成特点、具体功能等内容都大同小异。这两种训练法在结构角度上最大的不同就是程序训练法的控制依据是训练程序,而模式训练法是以训练模型为控制依据的。

随着现代竞技体育运动的不断发展,运动训练方法也在不断创新,但无论如何创新,教练员都应在运动之初,就做到详细讲解、仔细分析,使运动员在训练开始就掌握正确的技术动作、训练方法、训练要点。在训练过程中,通过对这些方面的讲解,能够使得运动员树立正确的目标和方向,同时对各项技术动作的正确的用力情况、各种动作练习的感受等方面形成更加深入的了解。运动员在技术动作正确的基础上,教练员再引导其进行技术动作的回忆,这样才能够使得该种训练方法起到良好的作用。对于复杂而不能很快掌握的技术动作,教师和教练员应耐心进行引导和讲解,循序渐进地开展训练活动,让运动员分清训练的重点、难点,对各种需要追忆的材料进行合理、科学分类整理,最终掌握各种形式的技术动作。此外,教练员组织开展训练时,还应向运动员充分阐述训练的目的、意义以及训练原理,使运动训练方法能在保证科学、合理、正确的基础上再寻求创新发展。

六、变奏训练法

变奏训练是指通过改变音乐节奏,让运动员同步进行动作练习,体会快节奏完成动作与慢节奏完成动作的训练方法。该方法同样适用于具有音乐伴奏的操类运动训练,或者其他强调动作节奏的运动训练辅助音乐帮助运动员感受动作节奏的训练。

训练中,应该注意的是运动员在较快节奏下动作容易变形,或者动作表现力降低,因此,教练员应该在训练中注意及时提醒学生完成动作的质量。变奏训练的另一层意思是改变动作的练习速度,或将高速度动作练习与变换速度练习的动作结合起来,这种训练就是力争避免动作停留在同一稳定的速度水平上。

第五章 现代运动训练的科学管理

要想取得良好的运动训练效果必须对运动训练进行科学化管理,科学的管理对于现代运动训练具有非常重要的意义。运动训练不仅需要有科学的管理方式,同时还需要有合理的运动训练计划与保障运动者运动安全的各项措施。本章将分别从现代运动训练管理的基本理论、训练计划的科学运用以及医务监督三方面对现代运动训练的管理进行分析。

第一节 现代运动训练管理的基本理论

一、运动训练管理概述

(一)运动训练管理的概念

在运动训练中,对运动员的训练是一个专门化的管理过程,是对运动员各项素质的综合的提高。对于运动训练管理概念的分析,各学者对其有不同的观点和看法,通过对多位学者的观点进行研究,同时结合运动训练的实践经验,我们将运动训练管理概念定义为:运动训练管理是管理者(教练和运动队的管理者)在遵循运动训练规律的基础上,通过使用各种现代管理手段,对运动训练系统进行的计划、控制、组织、协调和创新,其主要目的是提高运动训练的效果,从而更好地完成运动训练的目标。

通过对运动训练管理的概念进行分析,其含义主要包括两方面的内容。一方面,其本质是管理者对运动训练的各项因素进行的整合和协调,使其运动训练的技能和能力更好地转化为运动成绩;另一方面,运动训练管理是以教练员对运动员的管理为中心展开的一系列活动,在管理过程中,教练员应遵循运动训练和管理学的相关规律,并对相应的体制和方法进行创新。

（二）运动训练管理的构成要素与基本内容

1.运动训练管理的构成要素

运动训练的管理构成要素具体包括三方面的内容,即为管理者、管理对象和管理手段。管理者即为教练员或是运动队的管理者,是实施管理的主体。管理者是管理活动的直接实施者,对于运动员水平的提高和训练目标的实现起着重要的作用。管理者应积极提高自身的专业理论水平,学习先进的训练与管理理论,不断创新训练和管理的方法。同时,管理者还应该注重训练人才队伍的建设,整合科研、医疗、领队等人员的功能和作用,促进运动训练队伍的完善,从而更好地促进运动训练的发展。

运动训练管理的对象有广义与狭义之分。广义上的运动训练管理对象包括运动训练的方方面面,运动训练的体制、运动员、运动器材、运动项目等各方面的内容。狭义上的运动训练管理对象即为运动员,他们是运动训练管理的最基本和最直接的作用目标,运动训练管理的效果最终要通过训练的效果,即运动员的水平来反映。

运动训练管理的手段和方法是运动训练管理实现的途径,它是运动训练管理的重要构成部分。运动训练管理手段和方法的采用能够实现管理者和管理对象之间信息的沟通,使运动训练的目标得以实现。良好的运动训练管理手段能够有效利用运动训练中的各项因素,使运动训练管理的机制得到更好的运行。

2.运动训练管理的基本内容

运动训练管理是使运动训练的效益获得最大化的过程。在这一过程中,不仅包括运动员的训练,同时还包括运动员的选拔。运动训练管理通过投入一定的人力、物力和财力实现对其管理的计划、组织、控制、协调和创新。一般来讲,运动训练管理的内容主要包括以下几个方面。

（1）运动训练管理的系统的分析和研究,分析相关运动项目的特点和其运动训练的特点。

（2）制定运动训练管理的目标、任务和方法。

（3）运动训练的队伍建设,对教练员和运动员的培养。

（4）对运动训练管理的效果进行评价和分析,提升管理的效率。

（5）对运动项目和协会的管理以及基层业余训练的组织与管理。

（6）对运动训练管理体制的改革和创新,紧跟运动训练发展的潮流。

二、运动训练管理的基本原理

（一）系统原理

1. 系统原理分析

在运动训练管理过程中,其管理的对象是一个系统,其内部各要素之间是相互联系的统一整体。运动训练各要素有明确的目标要求,并且按照一定的结构动态地组合在一起。正因为其是一个相互联系的系统,在运动训练管理时应注重对各要素进行系统的分析和研究。

运动训练管理的各要素构成了一个统一的系统,系统的功能要大于单独的各要素的功能。系统的各要素通过一定的形式进行组合,每个要素都有其特定的作用,各要素之间构成了统一的整体。如果将系统中的各要素分离出来,则其将失去作为要素的意义。而如果系统内部的各要素组合得当,则其各要素的功能将发挥到最大化,从而使系统的功能得到更好的发挥,系统的总体功能将大于各要素的功能之和。

2. 现代运动训练管理系统的特点

一般来讲,现代运动训练管理系统具有以下几方面的特征。

（1）目的性

任何系统和组织有其特定的目的,现代运动训练管理系统也不例外。具有一定的目的性,才能使管理思路清晰明确,不使运动训练管理过于混乱。系统应根据一定的目的建立相应的各要素的结构。

（2）整体性

系统最鲜明的特点就是整体性,各要素之间是统一的、不可分割的关系,现代运动训练管理系统也具有整体性的特点。整体与部分之间具有密不可分的关系,各要素的功能是系统整体功能的基础,没有各要素的功能则系统的功能将不复存在；另外,如果系统的各要素搭配不合理,则整体的功能将得不到很好的发挥。

（3）层次性

现代运动训练管理系统各要素之间具有一定的结构与层次,在进行管理时应分层次进行,建立合理的管理秩序。一般在进行管理时,可分为宏观、中观和微观三个层次,各层次之间联系密切,共同促进管理的科学化。

3. 系统管理的应用

根据系统原理,在对现代运动训练管理过程中,引申出了一些基本管理原则,主要包括整分合原则、优化组合原则和相对封闭原则等。

（1）整分合原则

整分合原则简单来说,就是要在整体规划下明确分工,在分工基础上进行有效综合。具体而言,就是在整体工作充分和细致了解的基础上,将具体的工作分解为一个个基本要素,对其进行明确的分工,然后对其进行科学的组织和综合。坚持整分合原则就是要坚持"整—分—合"的思想。

（2）优化组合原则

为了促进运动训练管理系统功能的实现,应对系统的各方面进行优化组合,具体而言就是要做到目标、组织、人才和环境等各方面的优化和组合。

目标优化组合就是要科学、合理地制定总目标,并使之层层分解,组成一定的目标体系,发挥个人和组织的长处,相互协作,共同促进目标的实现。

组织优化原则就是在实际工作中坚持跨度管理原则,根据管理者的能力、精力和素质等各方面进行分析,然后决定组织的管理层次、人员数量。一般而言,越是上级的领导,直接管理的人数就越少。

人才优化组合就是在运动训练管理过程中,建立高效的工作团队,使高、中、低人才合理搭配,人尽其用,充分发挥人的潜能。

环境优化原则要求在运动训练管理过程中,实现社会环境和自然环境的优化组合,使管理工作在良好的环境中进行。

（3）相对封闭原则

相对封闭原则就是在现代运动训练管理过程中,系统内部的管理手段能够形成一个循环的相对封闭的回路,使层层之间相互影响、相互制约,形成有效的管理运动。

现代运动训练管理系统包括两个方面的关系,即运行训练系统各要素之间的关系与运动训练系统和外界相关系统的关系。相对封闭原则认为,系统内部各要素之间必须形成相应的管理回路,各级层之间形成一定的信息反馈和沟通。具体来说,就是要主教练或领队负责管理教练员,教练员则负责管理运动员,运动员通过代表大会等形式选举大队长,大队长通过职能科室实现对主教练的制约。

（二）动态原理

1. 动态原理分析

唯物主义认为,运动是物质的存在方式。动态原理认为,运动管理实践过程中,应坚持发展的眼光看问题,注重观察和把握管理对象的变化情况,然后针对这一变化情况对管理工作进行积极调整。在实际工作中,运动员的身体状况以及技能掌握情况会不断发生着变化。另外,环境、物力和财力支持等方面也会不断发生变化,通过动态的适应管理对象的变化来保证管理工作的良性发展。

2. 动态原理的运用

（1）有效利用信息反馈

反馈即为将信息传播给一定的对象,然后将其作用和结果传回,根据反馈内容对信息的传播进行必要的调节和控制。大众传播理论认为,反馈是信息传播的重要环节,也是信息传播发展和自我完善的重要形式。在管理过程中,只有不断进行信息的反馈,才能对各项方案、方法和措施进行及时的修正,促进管理工作向着目标健康发展,同时经过信息的反馈也能够为各管理工作提供必要的借鉴。

在现代运动训练管理过程中,通过信息的反馈能够实现对管理过程的控制,从而促进目标的实现。有效利用反馈的作用,对于反馈信息的利用将成为重要内容,对于反馈信息的收集要灵敏、正确。

（2）管理过程要有弹性

在现代运动训练管理过程中,管理过程应该具有一定的弹性,这样才能在管理环境发生相应的变化时,能够采取一定的措施进行适应性的改变。管理过程中的弹性原则是坚持动态原理的重要内容。如果管理的弹性加大,则能够使管理工作较好地适应环境的变化,促进运动训练的健康发展。在实践过程中,既要注重整体的弹性又要注重局部的弹性。

（三）责任原理

1.责任原理分析

为了更好地促进运动训练管理工作的开展,应该对个人的责任义务进行明确的分工,使每个人承担起必要的责任。责任制正是责任原理的体现,并在运动训练管理中得到了广泛的传播。

2.责任原理的运用

（1）明确职责

分工是确定职责的基础,通过对每个人进行明确的分工,能够明确职责的划分。运动训练管理是一项复杂的工作,任务较多,需要进行明确的分工,这样才能保证工作的顺利开展。职责是在分工的基础上对人的行为规范和工作质量的控制,对于工作效率的提高和完善具有重要的作用。

（2）职位和权限的合理匹配

在进行明确的分工之后,还要授予相应的人以必要的权力,通过对相应的人、财、物等方面的调配,从而实现其所承担的责任。如果只明确分工,而没有授予相应的权力,则在实际生活中会遇到一些困难。在运动训练管理过程中,应做到其职位与其相应的权限匹配,这样才能做到人尽其才、物尽其用。

（3）奖惩得当

明确责任和分工之后还要对其所做的工作的效果进行一定的评价,确保每一个人都在其职责权限内恪尽职守。为了促进管理工作的进行,应建立必要的奖惩机制,并做到奖惩的公正、公开,使个人行为朝着积极的方向发展,避免与目标的偏离。

（4）规范管理

管理过程的实现需要必要的制度保障,这样才能有效保证其科学性与合理性。

在运动训练管理实践过程中,应该建立相应的绩效考核、奖惩等制度,促进管理制度的完善和发展,保证责任原理能够得到坚定的贯彻和执行。责任制是现代组织管理的重要制度,将其应用到运动训练管理过程中,对于管理工作的规范进行具有重要的促进作用。

（四）效益原理

1.效益原理的分析

管理的目的在于创造更好的效益,对于运动训练管理而言,其根本目的是使运动员的水平得到提高。效益原理要求在管理过程中,对其每一个环节和每一项工作都要以提高效益为中心,通过有效地利用有限的资源使得效益达到最大化。

2.效益原理的运用

（1）效益的追求

在实际工作中,对效益的追求应该具体注意以下几个方面的内容。

首先,管理者应该目标长远,注重追求长期稳定的效益,同时,还要注重整体效益和局部效益的统一。

其次,要树立动态的效益观,在运动训练管理过程中,要以提高运动员的水平为核心。

最后,影响效益的因素有很多,在实践过程中,管理思想的正确与否对效益具有重要作用。在实践过程中,管理效益的改善是通过经济效益的表现来体现的。

（2）效益的评价

对效益进行评价时应做到公平、客观,不同的主体应从不同的方面进行评价。评价时可采用领导评价、群众评价和专家评价等方式。通过各种评价方式的结合,使评价尽可能地做到客观公正。

（五）竞争原理

1.竞争原则的分析

竞争是竞技体育的突出特点,因此在运动训练管理过程中也要体现竞争性。通过竞争可以给人适当的压力,从而产生努力的动力。竞争原理就是个体之间和团体之间为各自的目标和利益而进行相互竞争的理论。通过竞争能够激发人工作的热情,挖掘人的潜能,促进运动训练的开展,保证运动训练目标的实现。

2.竞争原则的运用

竞争原理在运用过程中如果得当,则能够产生良好的效果。在实践过程中,应注意以下几方面的问题。

（1）竞争的标准和条件的一致性

竞争条件和标准的一致性是竞争的公平和公正的要求。在实际管理工作中,保证竞争条件的一致性,为同级别的运动员提供意志的竞争标准,建立相应的评价和制裁制度,这是运动训练工作良性开展的需要。在实际工作中,标准的制定应坚持定性和定量相结合的方法,保证竞争的合理有序。

（2）要促进相互提高

竞争是为了增强相互交流,促进相互提高。通过竞争,实现信息和技术的交流,能够使运动员明确自身的优势和不足,针对不足进行积极的改进和提高,针对优点进行积极的发扬。

（3）防止不良竞争

在现代运动训练管理过程中,训练的各个环节都应该保持其公信度,应该做到在训练过程中开展良性的竞争,使训练的成果能够得到相应的回报。需要注意的是,在管理过程中应防止投机取巧和不正之风。

第二节　现代运动训练计划的科学运用

一、运动训练计划概述

（一）运动训练计划的概念

当人们从事任何一项有步骤的活动或者工作之前,常常会对这一即将采取的行动进行一番考虑,之后再进行具体的安排,这一过程就是行为活动或工作之前的理论设计过程,所设计出的行为步骤的理论性文字提纲就是进行这一工作的具体计划。运动训练计划就是在训练过程开始之前,为实现训练任务和目标,对训练内容、步骤及其要求所作出的理论设计与安排。

既然是为了实现预定目标设计和安排的内容、步骤和要求,那么就可以对训练计划如此理解:训练计划是为实现预定目标而选择的达到目标的进程通路,如图 5–1 所示。

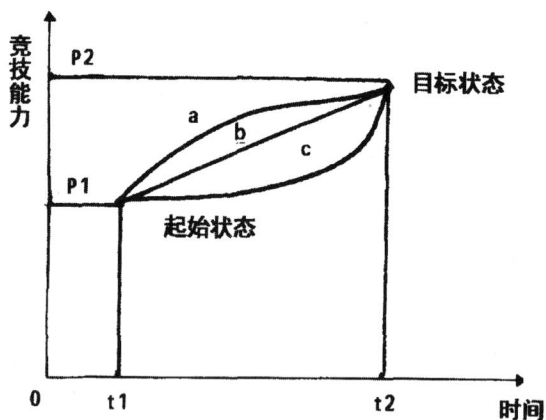

图 5–1

达到预定目标有很多种选择,同时也可以选择各式各样的方案,训练计划的制定就是对这些不同途径进行正确选择的过程。

具体来讲,运动训练计划应该具备两个基本属性:准确的预测性与灵活的可调性。预测性指的是对根据拟订计划实施训练而可能取得的成效的预测,它体现了训练计划的目标。可调性指的是在主、客观因素的影响下,训练计划预期目标与实际训练效果可能出现明显偏差时,对训练计划所能进行的修正空间。计划的设计是在训练目标建立的基础上进行的,训练目标与任务的确定是训练计划的核心。因此,计划本身就应该具备尽可能准确的预见性。但是,运动训练的具体过程受到主观与客观诸多因素的影响与制约,训练计划的预测性不可能达到完全准确。实践中所制定的训练计划常常要根据具体情况进行一些修正或变动,从而保持与训练目标的一致性。因此,训练计划又须具备一定的可调性。

（二）运动训练计划的构成

1. 准备性部分

训练计划的准备性部分包括对运动者起始状态的诊断和建立训练目标。这两项工作不仅是运动训练过程中与训练计划的制定并列的两个独立的重要环节,其内容还是训练计划中不可缺少的组成部分。对于制定具体的训练计划来说,这两项内容都起着非常重要的先导作用,为训练计划的制定提供必需的信息与依据。

在训练实践活动中制定多年或年度训练计划时,通常都要考虑到对运动者进行起始状态诊断,同时提出相应的训练指标。但是,在制定周、课等短期的实施计划时,则常常忽视这两项工作(如不是认真而客观地进行诊断,而只是主观地做出概略的估计)。另外,常用具体的训练要求代替训练的目标(如盲目追求完成某一练习的数量等),由此极易使训练的盲目性加大,导致训练脱离预定总目标的现象出现。

2. 指导性部分

在训练计划的总体中,指导性部分属于全局性的整体决策,是与训练目标具有同样战略意义的重要内容。训练计划的指导性部分首先包括训练阶段的划分及各阶段训练任务的确定,这一工作勾画出了训练过程的基本轮廓。由于运动比赛既是检验训练效果的有效途径,又是组织训练活动的重要杠杆,因此第三项内容就是安排比赛的序列。继而,根据不同阶段的训练任务和比赛安排的特点,规划训练负荷动态变化的基本趋势,从而完成了对整个训练活动的整体配置。

如果对训练计划的指导性部分考虑不充分,将会对训练的效果产生一定的消极影响。例如,阶段划分的错误会造成运动者最佳竞技状态的出现与重大比赛的时间不一致,而这一失误又是不可能通过训练手段的选择等实施性部分计划的调整弥补的。时间跨度越大的训练过程,指导性部分的意义就越大。

3. 实施性部分

实施性部分涉及训练的具体手段以及各种手段负荷量度的大小,用于具体的训练活动的组织进行。训练计划的实施性部分需要更多地考虑专项运动的特征与运动者的个人特点。

长时间以来,在制定训练计划时对于训练手段的选择和训练负荷的确定考虑得很多、很细,但却常常忽视制定相应的训练恢复措施。现在,越来越多的体育教师及学校医生对恢复问题日益重视,他们已不是在运动者承受训练负荷之后出现疲劳时才去考虑恢复问题,而是在制定训练负荷计划时就充分考虑到负荷后应该如何恢复的问题了。

4. 控制性部分

近些年来,运动训练的控制问题受到了越来越广泛的关注。要想对运动训练过程实施有效的控制,首先应该掌握反映运动训练过程进行情况的大量的信息,而这些信息只能通过有计划的检查评定,通过及时、准确、客观而可靠的训练诊断才能获得。

（三）运动训练计划的特点

具体来讲,现代运动训练计划的特点主要表现为创新性、差别性、育人性与恢复性四个方面。

1. 创新性

创新就是以新思维、新发明与新描述为特征的一种概念化过程。它具体包括三层含义:第一,更新;第二,创造新的东西;第三,改变。创新是人类特有的认识能力和实践能力,是人类主观能动性的高级表现形式,是推动竞技运动发展的不竭动力。

一项运动训练计划要想取得良好的效果离不开训练计划的创新。现代竞技场上的较量虽然表面是身体素质与技术的较量,但其背后的人文与科技却对竞技的结果产生了越来越重要的影响,谁具备新的、有效的现代人文的训练思想与科技含量高的训练手段,谁就能够培养出高水平的运动人才。因此,训练计划的创新性在一定程度上会促使教练员培养出优秀的运动员。

2. 差别性

首先,不同的训练计划由于其运动项目的差别而表现出不同的个性,如篮球训练计划的侧重点就与田径项目训练计划存在很大的不同。其次,在同一项目训练群体中,由于运动员个体上存在一定的差异,训练计划也会有相应的不同之处。

3. 育人性

传统的训练计划更加强调运动员身体和技战术训练,这在很大程度上忽略了运动训练计划的育人性,主要表现在制定多年训练计划的时候,没有充分考虑或制定针对运动个体进行多方位育人和认真研究每个阶段、每节训练课的育人方案。因此,在制定运动训练计划的过程中,应该遵循运动员的身心发展规律,同时结合社会上存在的拜金主义与他们生活中可能出现的问题,将

"育人"的重要使命融入每次训练课程当中,同时能够付诸实际,在增加运动训练科技含量的同时增加其教育的含量。这种特性最主要的表现就是竞技运动与教育的结合。

4. 恢复性

传统的运动训练计划在制定的过程中,教练员常常会忽略制定相应的恢复计划。而当今运动训练计划则把训练过程和运动后恢复过程视为有机结合的整体过程。因此,现代运动训练计划已经将具有针对性的恢复措施纳入其中,这也就造成了运动训练控制的问题得到了广泛的重视。可以说,把恢复措施列入训练计划之中是现代运动训练重视恢复和监控的需要。

二、运动训练计划制定的依据

运动训练计划的制定首先应该树立科学的态度。制定训练计划必须符合人体的生长发育客观规律,同时依据科学原理将实现训练目标的需要与提供训练主、客观条件的可能进行有机的结合。

具体来说,运动训练计划的制定有以下几方面的依据。

(1)运动训练目标。任何一种训练计划都是围绕着如何完成既定的训练目标而制定的。为使运动员由起始状态向目标状态转移,就必须选择与设计最佳的通路,这一通路就是训练计划。因此,训练计划的制定必须考虑到实现目标的需要,而训练目标是在制定训练计划之前必须完成的一项重要工作。

(2)运动者的起始状态。运动者的起始状态是确定训练目标的基础,是整个运动训练过程的出发点。为实现目标转移而制定的训练计划,只有符合运动者的现实状态才能被运动员所接受,使运动者的运动能力产生相应的变化。

(3)组织实施训练活动的客观条件。训练场地的好坏、器材的质量与数量、营养条件、恢复条件等,都是组织实施训练活动重要的物质基础。

（4）运动训练的客观规律。遵循运动训练过程的客观规律，是科学化训练的本质特征。遵循运动者运动训练的客观规律是训练计划科学性的重要表现形式，只有这样才能保证运动训练的成功。其规律主要包括训练生物适应的产生与变化规律、运动技能的发展规律、各种身体素质的特殊规律、训练计划的连续性与阶段性、训练过程的可控性与多变性规律等。

三、运动训练计划制定的要求

具体来讲，运动训练计划制定的要求主要包括以下几个方面的内容。

（1）注意运动训练计划的简明性以及实用性。运动训练计划的文字要简练，图文并茂。各项内容应该做到明确、具体、定量化，从而便于训练的实施、检查以及评定。

（2）注意运动训练计划制定的科学性。运动训练计划是控制训练过程的基础与标准，是系统训练的重要保证。因此，在制定运动训练计划时必须重视对运动训练客观规律的认识与把握，同时与科研人员密切联系，从而保证运动训练计划的科学性。

（3）注意运动训练计划的稳定与变更。在制定运动训练计划时，应该处理好计划的相对稳定与变更的关系，实现系统安排与科学调控相结合。

（4）要具备明确的指导思想与特色。在制定运动训练计划时，首先应明确指导思想，指导思想应随训练主体及训练客观条件的改变而调整变化。

在运动训练的实践中，的确存在很多可以借鉴的内容，但是教练与运动者自身也必须有创新意识，没有创新就没有生命力，没有创新也就不会有发展。

四、不同运动训练计划的制定

运动训练计划的制定是以运动者运动的现状诊断与确定的

运动训练目标为主要依据,并且与运动技能发展的内在规律有机结合起来,制定的对运动者运动训练由现实状态向目标状态有效转移起到重要保证的理论上的行动方案。运动训练计划的制定与实施是运动训练过程的中心环节,贯穿于教练与运动者的全部训练实践活动之中。

一般来讲,运动训练计划中的内容主要包括:运动员运动状态的初步诊断;运动训练的目标;运动训练的阶段及任务;实现运动训练目标的对策;规划运动训练负荷的动态变化趋势;运动训练的具体方法与手段;运动训练的负荷要求;评价运动训练效果的方式、时间及标准等。

以时间作为划分的依据,运动训练计划可以划分为多年计划、年度计划、阶段计划以及周计划等。

（一）多年计划的制定

多年运动训练计划指的是运动者多年训练过程的总体规划。由于多年训练时间跨度从两年到十几年不等,因此这种计划只是宏观的、战略的,计划内容也只是框架式的。多年训练计划的确定需要考虑的内容包括个人特点、年龄、身体发育、道德品质,其运动成绩和竞技能力水平,训练者的特长及发展目标,还有其训练水平方面的弱点和努力方向,同时根据训练的既定目标,确定每年提高运动成绩的幅度、竞技能力以及身体训练水平的指标。

根据运动训练主要目的,确定每年训练的主要任务与手段。任务与手段的确定必须以全面的身体训练原则为出发点,广泛采用促进机体的生长发育与全面身体发展的练习手段。在计划中,应该合理安排运动训练的年训练量、训练时数、身体训练与技术训练比例等,逐年加大训练的量与强度,逐年提高对运动员的身体机能水平的要求。

具体的多年训练计划的实施在各阶段的一般身体训练、专项身体训练和技术训练的比例中得到了较为充分的体现,对这个比例起到决定性作用的是运动者的训练水平。这主要是由于随着训练水平的提高,一般身体素质与专项成绩的相关性会出现随之降低的情况,而专项身体训练和技术训练的比例则出现随之提高的情况。

多年训练计划的确定要求每个阶段都提出相应的训练指标,即各阶段的运动成绩指标和竞技能力指标,并作为评价训练状态的依据。各阶段训练指标是以整个训练过程最终的运动成绩指标和竞技能力指标为依据,并结合不同阶段的训练任务而制定的。

多年训练中指标的设定应该依据运动员竞技状态的发展变化规律系统地安排,从而使竞技状态高峰在高级训练阶段出现。因此,各阶段训练指标应采用开始幅度较小的渐进式提高,到专项训练阶段时,训练指标提高加快,出现成绩的突变式上升,在高级训练阶段达到最高水平。

（二）年度计划的制定

年度训练计划是组织运动训练过程的最主要的计划,其结构主要是由气候、环境以及运动技能发展的阶段性所决定的。此外,年度训练计划的确定的依据是运动者的基本情况及其训练水平以及训练场地、器材等。

一般来讲,年度训练计划可以具体划分为三种类型:第一种是以全年为一个大训练周期的单周期训练计划,包括准备期、竞赛期和过渡期;第二种是全年分为两个大训练周期的双周期训练计划,包括两个准备期、两个比赛期和一个过渡期;第三种是在全年中设有多次比赛的年训练计划,在两次比赛的间歇,应该进行保持训练水平的训练或者安排积极性休息。

（三）阶段计划的制定

阶段计划通常是由数周至数月组成的,也称"中周期"。阶段计划由若干个同一目的的小周期组成,同时又是构成大周期的基本单位。因此,年度训练计划实际上已对阶段训练的任务、时间跨度、负荷水平等有了基本安排。在具体制定阶段训练计划时,很重要的一点是根据项目的特点与该阶段的主要训练任务来确定小周期之间的序列与节奏。

需要注意的是,不同训练水平、项目的训练者在阶段训练安排中负荷的变化是不相同的。具体来讲,阶段训练计划的实施主要分为引导阶段、一般准备阶段、专门准备阶段、赛前准备阶段和比赛阶段的训练。

(1)引导阶段指主要用于过渡期以后的年度训练之初,其特点是训练量与强度逐渐上升,持续时间为 2 ~ 3 周。

(2)一般准备阶段目的是努力提高机体机能的总体水平,全面发展身体素质和运动技能,持续时间为 4 ~ 8 周。

(3)专门准备阶段目的是提高专项训练水平和改进专项技术,提高训练强度,持续时间为 4 ~ 8 周。

(4)赛前准备阶段是准备阶段与比赛阶段之间的过渡,其目的在于提高竞技状态,持续时间为 3 ~ 6 周。

(5)比赛阶段是在主要比赛期间的一种训练形式,包括为比赛打基础的小周期、直接参加比赛的小周期和恢复训练的小周期等。其目的在于巩固最佳竞技状态和力争创造优异成绩。比赛阶段小周期的数量和持续时间取决于竞赛日程和比赛规模。比赛阶段又包括早期比赛阶段、主要比赛阶段和获得最佳竞技状态阶段。

(四)周计划的制定

周计划是由数次训练课组成的,它是运动训练过程中比较完整而又经常重复的单位。

周训练计划的确定依据是课余训练时期与假期训练时期以及短期训练的训练任务、运动量、强度等要求。周训练计划在各类训练计划中具有"承上启下"的作用,是落实短期训练计划、全年训练计划和多年训练计划以及规定各次训练课的任务、内容、方法的重要环节。一般情况下,人们往往会将周训练作为组织训练活动极为重要的基本单位。一般类似周期学说中的小周期通常会持续一周时间,但是为了达到比周训练周期更为灵活的目的,一般会将时间保持在 4 ~ 10 天之间,或表示为 7±3 天。

通常来讲,可以将周训练分为基本训练周训练、赛前诱导周训练、比赛周训练与恢复周训练四种基本类型。另外,为适应不同任务而制定的各种相应的周训练计划,常常也会有较为显著的不同的负荷变化特点充分体现出来。

（五）课计划的制定

课时训练计划的制定依据的是周训练计划规定的各个课次的训练任务,以及当日运动员机能情况、场地器材、气候等实际情况。课计划的内容包括对运动员提出的完成练习内容、数量、质量的具体要求。一般情况下,根据课的基本任务可以将训练课划分为单一与综合两种类型的训练课。

1. 综合训练课

综合训练课就是综合地发展多种竞技能力的课程。一堂综合课的训练任务,以选定 2 ~ 3 项训练内容较为适宜,过多则容易分散精力。

在制定综合性训练课计划的过程中,应该对训练任务和内容的顺序进行合理安排。具体而言,凡是需要运动员精力充沛时才能完成好的训练任务,通常情况下,会在训练课的前半部分进行安排;而在一定疲劳或深度疲劳下仍然可以完成的训练任务,往往会在训练课的后半部分进行安排。

2. 单一训练课

单一训练课是指一次训练课集中发展运动员的某一种能力或者集中时间与精力完成某一项训练的任务。

单一的训练课在准备期的训练中安排较少,但是在各个项目的训练中,有时都会组织一些发展本项主导因素的单一的训练课。在比赛期的训练中,由于训练的目标更加集中,训练的课时缩短,课的训练负荷量相对减少,因此单一训练课的比例比准备期略多一些。

无论是综合课还是单一课,一堂课都是由准备部分、基本部分和结束部分组成的。准备部分是让机体逐步进入工作状态,同时从心理和生理两个方面做好承受计划负荷的准备。基本部分是课的主要部分,按照训练任务及训练内容的安排顺序进行。其间,运动负荷必须有一次或者几次达到高峰。结束部分要逐渐降低运动负荷量,使机体进入接近安静时的状态。

对单一训练课来说,其基本部分是完整的;而对于综合训练课来讲,其基本部分又可根据训练内容的不同而分为几个小段,每当训练由一个内容转向另一个内容时,需在两段之间安排适当的专项准备活动,为新的内容的训练活动做好必要的准备。

第三节　现代运动训练的医务监督

一、运动训练的疲劳与恢复

(一)运动疲劳产生的原因

人们在运动训练过程中产生的疲劳属于运动性疲劳。所谓运动性疲劳是指在运动过程中出现了有机体的工作(运动)能力暂时性降低,但经过适当的休息和调整后,可以恢复原有技能水平的一种生理现象。

在运动训练的过程中,运动者运动水平的提高就是一个疲劳—恢复—再疲劳—再恢复的良性过程。如果运动者在训练过程中机体所产生的疲劳没有得到及时的恢复,就会使疲劳累积,达到一定程度时,就会产生过度疲劳;而如果运动性疲劳出现后,运动者仍继续保持原有的运动,就会使机体疲劳加重,甚至导致力竭(极度疲劳),从而使运动性疲劳演变成一种病理现象,进而危害身体健康。

在运动训练过程中,运动强度不同,导致运动疲劳产生的原因也存在差异。例如,在短时间内进行大强度的运动训练所产生的疲劳是因为机体肌细胞代谢变化导致 ATP 转换速率下降造成;在较短时间内进行较大强度的运动训练所产生的疲劳是由机体内乳酸堆积所致;进行长时间中等强度的运动训练而产生的疲劳与血糖浓度的下降、无机盐丢失以及肌糖原的大量消耗有关。

具体来讲,运动训练产生疲劳的原因主要从以下两个方面体现出来。

1. 能量物质的大量消耗

在运动训练过程中,尤其是进行大强度的训练时,骨骼肌中的 ATP 是机体所需能量的直接能源。根据大强度运动的能量代谢特点,ATP 的合成主要是通过 CP 的分解和糖的无氧酵解而实现的。而在运动中糖的无氧酵解是 ATP 合成的主要途径。但是,在运动训练过程中,随着运动负荷的不断增加,机体内大量分解并消耗肌糖原,从而使肌肉中大量消耗 ATP 和 CP,并且在肌肉中堆积了大量的乳酸。因此,在进行运动训练时,会出现 HL 值升高,血 pH 值下降,失代偿性酸中毒由此发生,致使 ATP 合成量减少,对肌肉运动能力造成不利的影响,从而导致运动疲劳的出现。

2. 物质代谢失调

在运动训练过程中,机体内的糖、脂肪和蛋白质的有氧或无氧代谢是机体运动所需能量的主要来源。如果运动训练的时间过长,会使体内能源物质快速消耗,体内的无机盐、水分等会有所减少,维生素含量也会不断下降,从而使机体内环境物质代谢失调的现象发生,机体不能继续工作,运动疲劳自然就会产生。

（二）运动疲劳的具体表现

1. 机体疲劳的表现

从疲劳的程度来看,疲劳一般表现为轻度疲劳、中度疲劳与重度疲劳三个程度,其具体内容如下。

（1）轻度疲劳

在运动训练之后,运动者很容易出现疲劳的感觉,如心跳速度加快、呼吸频率变快等,这些都是轻度疲劳的具体表现,这些表现在短时间内是可以恢复正常的。

（2）中度疲劳

在运动训练过程中,中度疲劳程度可以通过以下几个方面进行判断。

①身体上会表现出口干舌燥、脸色发白、肌肉发生抽搐、难以正常呼吸、有眩晕感、腰腿酸疼等症状。

②精神上会表现出难以集中注意力、焦躁不安、耐心不足、情绪低落、总是出错等症状。

③自我感觉方面会有头晕、肌肉无力、全身疲倦,还会出现嗜睡等情况。

（3）重度疲劳

运动者在运动训练过程中通常表现出烦躁、抵触、不易兴奋、神经反应迟钝等现象,此外还会有肌肉僵硬、肿胀、疼痛、难以正常活动,动作慢、协调性差等症状。进行长时间运动训练之后,机体的抵抗能力及在适应阶段所获得的各种能力就会消失,一些应激相关疾病也会随之出现,具体为器官功能衰退等,这些都是重度疲劳的表现。如果运动者不能对重度疲劳进行及时有效的消除,就会对生活及今后的运动训练造成不良的影响。

另外,运动者还可以根据运动训练的强度、持续时间以及运动的质量,将运动过程中产生的疲劳分为短时间运动中产生的肌肉性疲劳与持久运动产生的全身性疲劳两大类。运动疲劳的产生是多种因素综合作用的结果,一个或同时几个因素的变化会产生相互作用,从而导致机体疲劳的产生。从运动训练的角度来看,没有疲劳的运动训练是没有效果的训练,可见机体产生疲劳也有着积极的意义。当机体内的能源物质消耗较多时,便会引起明显的超量恢复,但也要防止过度疲劳的训练。因此,掌握机体在不同运动时间疲劳的特点是非常有必要的。

2.心理疲劳的表现

通过观察发现,厌恶训练是运动者产生心理疲劳的主要表现特征。人们在进行运动训练过程中产生的心理疲劳主要表现在以下几个方面。

(1)主观体验和行为表现

在运动过程中,运动者一旦出现心理疲劳,身体上便会有明显乏力的感觉,进而逐渐失去对继续学习或训练的热情,运动动机水平不断下降,此时容易烦躁动怒,而且对外界的刺激会异常敏感。有时在运动过程中,运动者会由于无法正确掌握或难以正确做出某一技术动作而感到苦恼,由此产生厌倦心理,从而以一种消极被动的态度参与到运动训练当中。

(2)情绪性抑制反应

当运动者产生心理疲劳后,不仅会导致机体运动能力的逐渐下降,同时还会使意志力有所减弱,情绪处于起伏状态,还会使情感紊乱的程度不断加重。久而久之,心理疲劳就会导致抑郁症的产生。

(3)适应性

当运动者产生心理疲劳之后,如果没有得到及时的恢复或恢复不足时,便会使心理疲劳持续积累,一旦超过某一临界点,运动者的运动行为便会受到心理疲劳所带来的负面影响,从而导致自身适应能力的明显下降。

（三）运动疲劳的恢复措施

1. 劳逸结合

劳逸结合能够有效消除运动过程中的运动性疲劳。结合运动者的运动状况，应做好以下基础性的工作。

（1）做好整理和放松活动

开始进行运动训练之前，做好放松与整理活动。放松与整理活动是消除运动过程中疲劳、促进体力恢复的一种有效的主动恢复手段。运动习练后的放松与整理活动能够使呼吸系统、神经系统、心血管系统和内分泌系统等从适应运动的状态慢慢地恢复到安静状态。运动者可以通过慢跑和呼吸体操消除疲劳，或在运动训练后通过做肌肉、韧带拉伸等放松练习来消除疲劳。

（2）积极性休息

运动疲劳消除中的积极性休息主要是指活动性休息。活动性休息是消除运动性疲劳的有效方法之一，这种方法能够有效促进全身血液循环，加速乳酸的消除。在习练者日常运动训练中，主要可进行散步、变换活动部位等形式的轻微运动。

（3）增加睡眠

经常参与运动训练者应该适当增加睡眠。充足的睡眠能有效地消除疲劳。训练后保证良好而充足的睡眠是使身体得到恢复的重要措施。

研究表明，人体在睡眠状态下，各器官、系统活动会下降到最低水平，这时，机体的物质代谢减弱，能量消耗也维持在最低水平，合成代谢有所加强，可使机体消耗的能源物质逐渐得到恢复。因此，充足的睡眠可以有效缓解运动性疲劳。参与运动训练的人必须遵守一定的作息制度，从而保证睡眠的时间和质量，并讲究睡眠卫生。

2. 补充营养

运动者健康体质的养成，适当补充营养是必不可少的。机体能源物质的消耗是运动训练过程中机体疲劳产生的重要原因之一,所以进行合理的营养补充能够使机体消除疲劳并恢复到最佳生理状态。在日常参与运动训练时,运动者可结合自身情况适当补充营养,以此来补充机体生理活动所消耗的物质,并且修复体内结构受损以及消除疲劳。通常,人体需要及时补充的物质包括糖、蛋白质、矿物质以及各类维生素。

3. 音乐疗法

音乐能够影响人的心理活动,对人的神经系统会产生相应的刺激作用,因此运动者可以通过听音乐的方法来消除机体疲劳。在长时间的运动训练之后,舒缓的音乐可以帮助中枢神经系统的疲劳得到极大的缓解,同时还能够调节循环、呼吸系统与肌肉的功能。

4. 物理疗法

一些物理疗法与中医治疗措施能够有效缓解运动训练过程中产生的运动性疲劳,通过简单的按摩或者求助于医师都可以实现运动性疲劳的恢复。

二、运动训练的营养补充

（一）运动训练中需要补充的营养素

1. 水

水是维持人体正常活动的重要物质,约占体重的 60%。水分的流失会对人体产生极大影响,因流失水分造成体重下降 1% 时,运动速度便减慢 2%,而人体失去 10% 的水分时,生命就会受到威胁。

水对人体具有非常重要的作用。水的比热值大的特性决定了水的调节体温的功能,因此可以维持体温;水分能够为代谢过程提供适当的环境,从而促进消化、吸收、呼吸、排泄等物质代谢;水可以改善肝脏功能和新陈代谢,降低食欲,有利于脂肪转化成能量;润滑也是水的一大功能,眼泪、唾液、关节滑液和浆液都具有润滑功能。因此,在运动训练过程中,一定要重视水的及时补充。

2. 脂肪

减肥主要是减脂肪,但这并不是说脂肪对于人体没有利用价值。脂肪是运动者必需的营养之一,对运动者的身体健康起着非常重要的作用。

脂肪分为饱和脂肪酸与不饱和脂肪酸。大量饱和脂肪酸的摄入会导致各种心血管疾病,而不饱和脂肪酸可以增强细胞的结构,运送胆固醇,帮助胆固醇代谢,延缓血液凝固。因此,运动者应该注意饱和脂肪酸和不饱和脂肪酸的摄取,小心选择食用富含饱和脂肪酸的肉类。人体每日所摄取的热量20%~30%来自脂肪,而豆腐、花生、玉米、大豆、芝麻、橄榄等素食中含有丰富的不饱和脂肪酸。

3. 维生素

维生素是运动者身体所必需的一类有机化合物,它是维持和调节机体正常代谢、生长发展的重要物质。在运动训练过程中,人体内不断地进行着各种生化反应,这都需要酶的参与,发挥其催化作用,而许多维生素是酶的辅酶或者是辅酶的组成分子。维生素一般存在于天然食物中,在人体内不能合成或合成的数量极少,因此必须从食物中摄取。

维生素种类众多,目前所知的维生素就有几十种。根据溶解性,维生素可分脂溶性维生素和水溶性维生素两大类。

(1)脂溶性维生素:主要包括维生素 A、维生素 D、维生素 E、维生素 K 等。

(2)水溶性维生素:水溶性维生素主要包括维生素 B_1、维生素 B_2、维生素 B_5、维生素 B_6、维生素 B_{12}、维生素 C 等。运动者可以通过食用含有大量维生素的新鲜蔬菜水果和粗加工谷物来补充维生素,但维生素的补充一定要注意适量,过量的摄入会引发中毒。

4. 蛋白质

蛋白质占人体全部质量的18%,如果按比重来计算,约占人体重的50%。运动者在日常饮食中,每日摄取的总热量的20%来自蛋白质,每千克体重每天大约进食1克蛋白质就够了。过多摄入的蛋白不能进行储存,会再经肝脏代谢进而转化成尿素,长期大量地进食蛋白质,容易造成人体的钙质流失并给肝脏造成不必要的负担。

蛋白质是构成人体细胞的物质基础,是人体的建筑材料。它的功能主要是合成和修补细胞,如肌肉、血液、身体器官、激素、酶、抗体、皮肤、保持水分的平衡、酸碱度。人体不断地生长,细胞数量增多,细胞也在进行着新陈代谢,新旧细胞持续更替,这都需要蛋白质的及时供应和补充。肝脏是人体内蛋白质代谢比较旺盛的组织,红细胞更新的速度也较快,头发、皮肤的生长也与蛋白质有关;生命只要存在,细胞就在不断代谢,蛋白质就需要持续供应。如供应不足,人体发育便受到影响。此外,蛋白质还是一种能量来源,但往往在碳水化合物和脂肪不足时分解,与碳水化合物及脂肪相比,蛋白质供能极不经济。

5. 矿物质

矿物质又称"无机盐",原指地壳中天然存在的化合物或天然元素,人体内约有50多种矿物质。矿物质是人体的重要组成部分,有些元素是身体保持适当生理功能所必需的,能够维持生理系统,强化骨骼结构和肌肉、神经系统,辅助酶、激素、维生素和其他元素发挥作用。机体所需的矿物质需要不断地从食物中摄取。

矿物质有常量元素和微量元素之分,这是以它们在膳食中的需要量为标准进行划分的。其中含量较多的有钙、镁、钾、钠、磷、硫、氯七种元素,每日需要量在十分之几克到1克或几克,这是常量元素;其他元素如铁、铜、碘、锌、锰和硒,由于含量极少,每日需要量从百万分之几克(以微克计)到千分之几克(以毫克计),这些是微量元素。

6.碳水化合物

碳水化合物就是平常所说的糖类,淀粉、蔗糖、麦芽糖、乳糖、葡萄糖和纤维素都属于这一类营养素。糖类是人体热能的主要来源,是营养素中比较经济的一种。糖类是构成机体组织细胞的一种重要物质,参与许多生理过程。糖还能够节约体内蛋白质的消耗,保护肝脏,促进消化。

人体每日摄取的总热量的50% ~ 55%都由碳水化合物提供,即总热量主要来自人们的主食。碳水化合物是机体的主要热量来源。它可以避免蛋白质的分解,供给脂肪新陈代谢中所需要的热量,给中枢神经系统提供所需的热量。如果碳水化合物摄入不足,就会导致水分的流失和新陈代谢的减慢。据营养学家推荐,人体每日摄入碳水化合物的量为每千克体重8 ~ 10克。

(二)运动训练的膳食营养

在运动训练过程中,运动者应该特别注意膳食营养,具体而言,运动者的膳食营养主要体现在以下几点。

(1)运动者的日常膳食应注重饮食的多样性,以谷类为主。谷类和薯类、动物性食物、豆类及其制品、蔬菜水果和纯热能量食物所含的营养成分不完全相同,因此要注重食物摄取的多样化。谷类食物的表皮中含有大量的维生素和矿物质,因此为了防止这些食物表层营养物质的流失,习练者要食用没有被过分加工过的谷类食物。

(2)运动者应该每天吃奶类、豆类或其制品。奶类和豆类食品除了含有较高的蛋白质和维生素之外,还含有丰富的钙,运动者可以从中补充多种营养素。

(3)运动者应该多吃蔬菜、水果和薯类。人体的各种维生素和矿物质的主要来源是蔬菜、水果和薯类,这些食物对心血管的健康以及人体的抗病能力的增强都具有重要的作用。

（4）运动者要经常吃适量的鱼、禽、蛋、瘦肉,少吃肥肉和荤油。鱼、禽、蛋、瘦肉等动物性食物是人体优质蛋白、脂肪、脂溶性维生素、B族维生素和矿物质的主要来源。

（5）运动者每日的食量与运动训练量要保持平衡,保持适宜的体重。在进行运动训练后,人体对能量的需求会相对增加,如果能量供应不足,会造成人体的消瘦和抵抗力的下降;反之,则会造成人体的肥胖。因此,应保持食量和能量消耗的平衡。

三、运动训练的损伤与康复

（一）运动损伤产生的原因及预防

1.运动损伤产生的原因

（1）客观原因

①人体的某些部位本身就容易受伤,如指腕关节、膝踝关节等。运动训练经常会用到脚腕关节,脚腕关节直接与地面接触,如果承受的重力超过脚腕应承受的负荷,就容易造成错位、骨折等损伤。

②运动者的指导教师或教练员缺乏相应的教学经验,没有依据习练者的身心特点制定相应的练习计划,所安排的运动量及运动负荷超出习练者的正常水平,而且没有及时地为运动者提供帮助与保护措施,很容易造成损伤。

③运动场地不平坦,地面有类似于石子的碎小障碍物,地面过于坚硬、过于光滑或过于柔软,这些都会造成运动损伤的发生。

④一些季节天气不适合进行运动训练,如夏天气温高,人体出汗较多,容易感到疲劳,也容易发生中暑与肌肉痉挛;冬天气温低,容易造成冻伤或肌肉拉伤。

（2）主观原因

①缺乏警惕性是运动训练过程中引发运动损伤的根本原因。

运动者在运动过程中由于缺乏对可能引起的运动损伤的基本认识,也没有认识到预防损伤的重要性,警惕性不足。

②准备工作不充分是造成运动损伤发生的重要原因。运动者在运动前没有做好营养、热身等方面的准备工作,极易导致运动损伤的出现。

③运动者的体质不达标,运动水平较差,没有经过系统专业的身体训练,对技术动作比较生疏,很容易因动作错误而导致运动损伤的发生。

④运动者没有依据自身的身心特点安排运动量,盲目加大运动量,使运动量超出自身的生理负荷水平,容易使身体或个别部位感到疲劳,不能准确完成相应的技术动作而引发损伤。

⑤运动者在运动过程中情绪起伏不定,没有将全部注意力放在动作完成上,运动状态不良,从而导致运动损伤的发生。

2.运动损伤的预防

具体来讲,预防运动损伤发生的措施主要包括以下几方面的内容。

(1)提高安全防范意识

运动训练在场地、时间及心理准备等方面不是随意的,这几方面都应严格符合一定的原则及要求,练习者只有遵循运动训练的客观规律才能有效避免运动损伤的发生,从而取得良好的练习效果。因此,运动者应该提高自身的安全防范意识,做好各方面的准备工作。

(2)充分做好热身准备工作

运动者应该养成在每次练习前都要做热身活动的良好习惯,通常包括背部、腰部及腿部与踝部几个部位的热身准备,尤其要做好下肢部位的热身练习工作。热身准备时间不要过长,一般要求控制在大约 5 ~ 10 分钟即可,气候条件、自身的身心特点、场地等是运动者确定热身准备活动量的主要依据。

(3)遵守循序渐进的习练原则

运动者应该遵守循序渐进的科学训练原则,逐渐达到运动训练的目的,应该以自身的体质为主要依据来选择适当的运动负荷及动作水平。运动者不能急于求成,如果盲目加大运动量,运动负荷就会超出自身的承受能力,不仅不能提前实现预期效果,反而会损害自身健康。

（4）加强易伤部位的训练

小肌肉群、膝踝关节、韧带等是运动时经常容易受伤的身体部位。运动者往往只重视大肌肉群的训练而忽视了关节与小肌肉群的训练,习练者也没有认识到小肌肉群在运动训练中的重要作用,小肌肉群与关节因为缺乏系统的训练而极度脆弱,很容易发生损伤。运动者应该注意做好易伤部位的训练工作,使大肌肉群与小肌肉群协调发展,将易伤部位的损伤率降到最低。

（二）常见运动损伤的处理方法

1. 擦伤

（1）原因及症状

擦伤是指有机体表面与粗糙的物体相互摩擦而引起的皮肤表层的损害。其症状主要表现为表皮剥脱,同时伴有小出血点与组织液渗出。在运动训练过程中,运动者有时会由于跳起接球动作未顺利完成而摔倒导致擦伤,膝盖与肘部是运动训练过程中容易引起擦伤的部位。

（2）处理措施

当出现轻微的擦伤时,可以采用生理盐水或其他的药水对受伤部位进行清洗,并涂抹红药水或紫药水,无需包扎,一周左右即可痊愈。若出现面部擦伤时,可以涂抹 0.1% 的新洁尔溶液。一般来说,擦伤伤口较大时容易受到感染,应用酒精或碘酒对伤口周围进行消毒,如果受伤部位嵌入沙粒、碎石、碳渣等时,可以先用生理盐水和棉球轻轻刷洗,将异物清除,消毒完成后,再撒上纯三七粉或云南白药,用凡士林纱布进行适当包扎。如果没有发生感染,两周左右即可痊愈。若关节周围出现擦伤时,在清洗、消毒后,可以用青霉素软膏或磺胺软膏等进行涂敷,否则会影响关节活动,并造成重复破损。

2. 挫伤

（1）原因及症状

挫伤是指在运动过程中机体某部分由于受到钝性外力的作用,导致该部分及其深部组织产生闭合性损伤,跑、跳等动作都非常容易产生挫伤,最常见的挫伤发生在大腿的股四头肌和小腿前部的骨膜和后部的小腿三头肌、腓肠肌等部位。此外,头部、上肢和腹部的挫伤也时有发生,其症状主要表现为肿胀、疼痛、皮下出血和功能障碍等症状。

（2）处理措施

当挫伤发生后,应该立即对受伤部位进行局部冷敷、外敷新伤药等治疗,并适当进行加压包扎,抬高患肢,减少出血和肿胀。另外,股四头肌和小腿后群肌肉严重挫伤时,大都伴有部分肌纤维损伤和断裂,组织内出血形成血肿,应对受伤肢体进行包扎固定后,迅速送往医院进行诊治。头部、躯干部的严重挫伤可能会伴有休克症状,应认真观察呼吸、脉搏等情况,休克时应首先进行抗休克处理,使伤员平卧休息,对其进行保温、止痛、止血,疼痛甚者,可口服可卡因或肌肉注射杜冷丁,并立即送医院诊治。

3. 拉伤

（1）原因及症状

拉伤指的是肌肉在外力的作用下过度主动收缩或被动拉长致伤。在运动训练过程中,造成肌肉拉伤的原因有很多种,如准备活动不充分,动作不协调,训练方法不得当等。当出现肌肉拉伤后,受伤部位会出现压痛、肿胀、肌肉痉挛等症状,在诊断时可以摸到硬块,肌肉断裂是比较严重的一种拉伤,需要进行及时的治疗和处理。

（2）处理措施

肌肉拉伤较轻时,可以立即冷敷,并进行局部加压包扎,抬高患肢,24 小时后便可进行按摩或理疗。肌肉拉伤严重时,应立即送往医院进行医治。

4. 胫骨痛

（1）原因及症状

胫骨痛又称"胫腓骨疲劳性骨膜炎",在运动训练过程中,由于跑、跳等动作使大腿屈肌群不断地收缩而使其胫腓骨的附着部分受到过度牵扯,从而造成胫骨痛这一运动损伤的发生。胫骨痛常常表现为骨膜松弛,骨膜下出血,并产生肿胀、疼痛等炎症反应。

（2）处理措施

当胫骨痛发生后,要注意减少足尖跑和跳的运动量,不要加重下肢的负担,并进行少量的运动来促进慢慢恢复。在进行运动训练前,要充分做好准备活动,训练结束后做好整理活动。胫骨痛较轻时,可以采用局部按摩的方法,促进恢复。严重者应立即就医。

5. 腰部扭伤

（1）原因及症状

腰部扭伤主要有腰部关节损伤、韧带损伤和肌肉损伤等,多发生在腰骶部和骶髂关节。一般是由突然的间接暴力所致。当运动者所完成的技术动作超过了自身腰部肌肉、韧带的伸展限度或收缩不协调时都会造成腰部扭伤,在腰部扭伤出现以后,会出现腰部活动受限和疼痛。

（2）处理措施

腰部扭伤后,要立即停止运动。若出现剧烈疼痛,应送医院诊治。24 小时后,可采用热敷和外敷伤药,也可进行按摩等。

6. 肩袖损伤

（1）原因及症状

肩袖损伤是指肩袖肌腱或合并肩峰下滑囊的损伤性炎症病变。肩袖损伤发生时,肩外展会感到疼痛,有时会放射到上臂、颈部部位。当肩外展或伴有内外旋转时,就会感到十分疼痛,压痛局限于肩峰与肱骨大结节之间。肩袖损伤又可分为急性与慢性损伤两种,急性肩袖损伤常伴有三角肌痉挛疼痛,慢性肩袖损伤期间继发三角肌萎缩乏力。运动者一旦不小心倒地,就很容易使肩部与地面发生摩擦而引起肩袖损伤。

（2）处理措施

肩袖损伤发生后,应进行适当的休息、调整,可采用物理治疗或按摩和针灸等方法治疗。此外,还可以活动、运拉肩关节和上肢,促进其恢复。如果发生肌腱断裂,应该立即就医。

第六章 田径运动项目训练实践指导

田径运动项目对运动者身体素质和运动技能的提高具有积极影响，能够帮助运动者在训练过程中强身健体、提高运动水平。通过本章的撰写，旨在为运动者提供走跑项目、跳跃项目以及投掷项目的训练实践指导，进而帮助运动者选择更加恰当的训练方法参与田径运动项目训练。

第一节 走跑

一、竞走技术训练

（一）摆臂训练

1.训练目的

摆臂训练是为了运动者在短跑摆臂的基础上，学习适合竞走特点的摆臂技术，维持平衡和调节步长、步频。

2.训练方法

（1）原地摆臂

运动者两腿前后开立，重心放于前腿上，以肩关节为轴，上臂带动前臂，半握拳，屈肘约90°，前后摆动，前摆不超过身体中线，高度不过下颌，后摆肘稍向外。

（2）原地摆臂与腿部动作配合练习

运动者两脚左右开立15～25厘米，支撑腿一侧伸髋，全脚掌着地,手臂向前摆,摆动腿一侧屈髋屈膝,以前脚掌支撑地面,其膝指向另一脚的脚尖方向,手臂向后摆。

（二）"8"字形走训练

1. 训练目的

改进运动者脚着地、后蹬送髋和弯道走技术。

2. 训练方法

以 10 ~ 15 米为半径画两个圆圈,形成"8"字形,既有逆时针,又有顺时针,而且距离可以无限度延长。

（三）短距离加速走训练

1. 训练目的

短距离加速走的训练目的是为了着重改进运动者的竞走技术。

2. 训练方法

短距离加速走的训练方法是进行 40 ~ 1 000 米中速走。

（四）骨盆动作训练

1. 训练目的

正确地掌握骨盆在竞走中的运动形式和在竞走技术中的作用,并不断加以运用,进而使得竞走动作更加协调、柔和而轻松,并对保持良好的直线性、对重心的合理控制以及对增大步长而提高运动成绩都有显著意义。

2. 训练方法

（1）原地两腿屈直交换伸髋练习,两脚左右开立 20 ~ 30 厘米。伸髋一侧为全脚着地,另一侧屈髋伸膝以前脚掌支撑,其屈膝指向另一脚的脚尖方向。

（2）原地两腿左右大幅度快速交叉走。

（3）行进间两腿左右交叉分落在前进方向的中线两侧走。

（4）行进间摆动腿低姿屈膝带髋向支撑腿正前方摆动,接着伸膝足跟着地,同时大腿呈外旋,脚尖指向正前方。

（五）快速低姿直摆腿走训练

1. 训练目的

在摆臂训练的基础上,使前摆腿的摆动动作由僵直而变为省力、轻松,逐渐体会使重心快速前移的杠杆作用力。

2. 训练方法

在快速低姿直摆腿走练习的基础上,向前摆动的摆动腿的小腿在其大腿的带动下前伸至足跟呈后蹬式着地的同时,其大腿略有外旋带膝摆向正前方。

（六）两腿蹬摆与快速协调用力方法训练

1. 训练目的

通过这一训练,促使运动者掌握快速、省力、轻松、自然协调的竞走技术。

2. 训练方法

（1）运动者后腿后蹬并顶同侧髋向前,使重心前移的同时摆动动作轻松而省力,此时前摆腿略呈背屈和内翻的脚,以距地面最低的高度向后蹬腿向脚尖前方的方向摆动,随着足跟外侧的领先着地其膝已基本伸直。

（2）在上一步练习的基础上,运动者应随着小腿的前伸,但在尚未充分伸直的瞬间,足跟突然回收呈后蹬之势着地。此刻同时完成后蹬,身体重心已快速前移至原前摆的摆动腿即现为前支撑腿上,此时小腿也已伸直。

（3）运动者要将上述练习形成动作意识，以意识来控制动作。即后腿一蹬地，向前摆的前腿足跟向前蹬，重心随即前移，形成后蹬、前蹬、中间移的完整动作意识。此练习可简化为蹬、蹬、移。

（七）快速低姿微屈前摆与足跟领先着地的伸膝摆动训练

（1）在摆臂练习的基础上，运动者使其前摆腿的摆动动作由僵直变为省力、轻松，并逐渐体会使重心快速前移的杠杆作用力。

（2）在练习快速低姿直摆腿走练习的基础上，运动者在向前摆动的摆动腿的小腿在其大腿的带动下，按着前伸至足跟领先着地，同时其大腿略有外旋带动膝摆向正前方。

二、短跑技术训练

（一）起跑和起跑后的加速跑技术训练

1. 训练目的

通过该训练帮助运动者掌握以下要点：协调放松，便于快速起动；舒适合理，便于发力；有良好的初始出发角度；有良好的第一步技术。

2. 训练方法

不停信号的各种姿势起跑 20 米 ×（8 ~ 12 次）；听信号的各种形式（单个或集体等）起跑 20 米 ×（8 ~ 12 次）；听口令做"各就位"和"预备"动作，听到"预备"口令后，做间隔时间不同的听信号起跑（20 ~ 30 米）×（8 ~ 10 次）；起跑后最大速度跑、快慢速度变化跑、快速跑接惯性跑等；增加起跑难度练习，如上坡起跑、等动拉力器牵住身体后起跑、负重起跑等；多人一组的起跑练习，同伴用腿或手顶住肩做起跑动作，同伴用橡皮带在后方拉住腰做起跑动作等。

（二）途中跑技术训练

1. 训练目的

促使运动者达到以下要求：快蹬、快摆、快节奏；扒地后蹬，折叠高抬要到位；整体协调、放松、有弹性；相关力量、频率和柔韧性。

2. 训练方法

60～80 米加速跑；各种距离的快跑练习；各种跨跑低栏练习；强化某一跑的动作练习，如负重摆臂、负重抬腿、扶垒后蹬、推人前跑等；跑的专门练习及专门练习过渡到跑的练习；变换速度的波浪跑、惯性跑、往返跑、放大步跑等，体会跑中的放松技术。

（三）弯道跑技术训练

1. 训练目的

让运动者依据圆周运动特点，体会弯道途中跑的技术要求。

2. 训练方法

沿第一弯道以 75% 强度做 50～80 米加速跑；沿第 6～8 道弯道以最高速度 80%～90% 的强度做 50～80 米加速跑；以各种速度在弯道上进行 30～50 米起跑练习；以各种速度进行由直道进弯道的 80～100 米加速跑；以各种速度进行由弯道进直道的 80～100 米加速跑。

三、中长跑技术训练

（一）起跑训练

（1）运动者以组为单位，在起跑线后做站立式起跑"各就位"口令后的起跑预备姿势若干次，体会站立式起跑时两脚位置和身体各部姿势,准确掌握起跑前的姿势。

（2）运动者以组作为一个单位,在起跑线后的集合线站好,然后在"各就位"和"跑"的口令下,按站立式起跑和起跑后加速跑的方法、要领做站立式起跑 30～80 米。

（二）起跑后的加速跑训练

（1）学习起跑后加速跑技术和方法,结合实践练习,比如 10 人左右一组,以口令、哨声进行集体起跑和加速跑练习。

（2）中等速度重复跑 200 米、300 米或 400 米。由站立式起跑出发进行中等速度的重复跑,要求起跑动作正确,跑时动作轻松、自然,跑速均匀,呼吸和步伐配合协调,并注意培养运动者的速度感觉。跑的总距离男生 1 200～1 500 米,女生 600～800 米。

（三）途中跑训练

1.轻快跑训练

（1）训练目的

促使运动者体会技术并培养放松、协调和提高动作频率的能力。

（2）训练方法

轻快跑时身体重心较高、步频较快,要求后蹬时用力要轻些,脚腕要充分地后蹬,脚要快速地离地,摆动腿的动作也要积极。每次练习时,可跑 2～5 次 50～80 米距离。

2.反复跑训练

（1）训练目的

改进运动者的技术动作,培养其跑的节奏感;建立腿部动作和呼吸配合节奏感,提高内脏器官功能能力。

（2）训练方法

男子采用 300～600 米、女子采用 200～400 米的小强度反复跑和采用 100～300 米较大强度的反复跑。根据个人的专项和成绩,确定一定的速度和距离并反复多次地进行练习。

3.变速跑训练

(1)训练目的

提高运动者的耐力,发展其内脏器官的动能。

(2)训练方法

一般采用 100 米快、100 米慢、100 米快、100 米慢的节奏进行。通过快与慢相交替的跑步练习,能有效地提高跑的加速能力。注意跑动中节奏的控制,保持身体的平衡,有效发展身体的协调能力。可长期进行,发展耐力素质。

4.定时持续的匀速跑训练

(1)训练目的

推动运动者在一定时间内,尽可能保持比较高的跑速。

(2)训练方法

男生 8 分钟,女生 6 分钟(男生先跑出 2 分钟后女生再跑,同时到达)。训练时注意要跑得轻松、平衡,呼吸自然有节奏。

5.负重耐久跑训练

(1)训练目的

提高途中跑的实用性,有效发展运动者的一般耐力和力量。

(2)训练方法

采用肩负或背负,也可负重物于腰或腿上。负重量应根据跑程和个人体力而定,但不可太重,以免影响跑速。可以全程负重跑,也可前半程负重跑,后半程徒手跑。

6.轮流领跑耐久跑训练

(1)训练目的

通过集体排队进行训练的形式,提高运动者的训练兴趣,互相促进,有效发展运动者的耐力。

(2)训练方法

可以由每个队员依次领跑一定距离,也可由教师或领跑人指定接替领跑的人。按运动者的水平分组,一般由跑速接近的人组队练习。可由速度快的练习人先领跑,耐力好的人后领跑,也可只由耐力好的人领跑。

7.800米(女)和1 500米(男)全程跑训练

(1)训练目的

综合发展运动者中长跑项目各阶段的技术能力。

(2)训练方法

前200~400米跑速一般可快于平均跑速,中间跑段基本保持平均跑速,最后冲刺应全力跑向终点。训练中要根据个人体力(包括平时体力和跑前自我感觉)合理调节跑速、分配体力。

8.越野跑训练

(1)训练目的

越野跑的训练目的与变速跑大体相同,即通过良好的环境和地形变化,采用不同速度的越野跑,使运动者吸收更多的新鲜空气,有效发展其腿部力量,克服运动者对中长跑的厌恶情绪。

(2)训练方法

男子采用2 000~3 000米;女子采用1 500~2 000米。跑动中注意控制节奏,保持身体的平衡,有效发展身体的协调能力;根据不同地形的变化,适当调整跑步速度;可长期进行。

(四)终点跑训练

(1)按水平分组,由站立式起跑出发,进行200米、400米或600米的中等速度重复跑,在最后50~150米处开始适当加速,冲刺跑通过终点。跑的总距离男生1 200~1 500米,女生600~800米。

(2)按水平分组,由站立式起跑出发,进行男生1 200米和女生600米的中等速度匀速跑,在最后100~200米处开始适当加速,冲刺跑通过终点。

(3)按个人体力分配方案跑。男生进行1 200~1 500米训练,女生进行 600 ~ 800 米训练。

四、跨栏跑技术训练

(一)专门节奏和专门速度训练

1. 徒手不带标志的跨栏节奏跑训练

模仿跨栏节奏在跑 7 ~ 8 步后,三小步一大步连续跑几次。可原地高抬腿进行,可跑进中进行,有时也可采用计时的方法。

2. 徒手带标志的跨栏节奏跑训练

在栏点上改放海绵块,并缩短栏间距离。起跑上第一栏后,跑三小步一大步。

3. 间隔跑训练

运动者的步长稍短于正常步长的距离,用海绵块间隔跑 30 ~ 50 米。站立式起跑或行进间跑皆可。经常练习可提高节奏感和速度。

4. 背向听口令过栏训练

背向听口令过栏的训练目的同样是为了提高运动者的节奏感。虽然这种练习的难度较大,但能提高运动者参与跨栏跑训练的兴趣。

(二)专门提高跨栏基本技术的训练

1. 培养跨栏意识训练

通过观看优秀运动者比赛、录像、电影等手段,加强快速过栏意识的培养。

2. 沙坑跨栏训练

在沙坑前放置一栏架,快速起跑后过栏,摆动腿落在沙坑内迅速跑出。

3. 跨越双重栏架训练

摆动腿从第一栏上越过,起跨腿要跨过相距 40~60 厘米的两个栏架,第二个栏与第一个栏错开 30~40 厘米,以增大下栏第一步的长度和起跨腿提拉过栏的动作幅度。

4. 增加起跑至第一栏的距离,再跨 3~4 个栏

男子起跑至第一栏增加到 18 米跑 10 步,女子 21 米跑 12 步。

5. 起跑 8 步后连续跨多个栏

站立式起跑 8 步后连续跨 4~5 个栏。栏距是男子 17 米,女子 16 米,均跑 7 步。

6. 栏间跑一步连续跨多个栏

栏间跑一步连续跨 4~5 个栏,栏距:男子 3.5~4 米,女子 3~3.5 米。

7. 栏间跑训练

站立式起跑,栏间跑第 5 步过栏,栏间跑提高身体重心,速度不快,但加强起跨、快速过栏,栏距:男子 10 米,女子 9 米。

8. 不同栏间距离跨栏训练

起跑到第一栏按标准距离,第 1、2 栏间 11~13 米,跑 5 步;第 2、3 栏间 8~9 米,跑 3 步;第 3、4 栏间同 1、2 栏间;第 4、5 栏间同 2、3 栏间。

9. 高抬腿栏中过栏训练

栏间 3.5~5 米跑 3 步。尽量减小身体重心的起伏,缩短过栏和抬高腿跑各步的时间差。

(三) 标准栏高栏距训练

(1) 蹲踞式起跑,跨过 1~3 个栏。

(2) 蹲踞式起跑后,跨 8 个栏架,或跨全程栏。

（3）站立式起跑，跨 1 ～ 10 个栏架，并记下各栏的时间。

（4）成组按起跑信号起跑，跨半程栏，并计取时间。

（5）参加跨栏跑测验或比赛，把测验或比赛视为一次技术训练，从中发现问题。

（四）跨栏跑节奏和目测能力训练

（1）按照预先规定的强度，运动者反复练习跑过第一栏技术，要求所跑时间不能超过预定时间的 0.2 秒。

（2）根据栏间距离的变化，增减栏间跑步数，掌握好步长，准确起跨，如女子 400 米跨栏跑，第 1、2 栏之间相差 16 米，跑 7 步；第 2、3 栏间距为 23.50 米，跑 11 步；以后各栏间距增至 31.50 米，跑 15 步。男子 400 米栏也可照此方法训练，但栏间距与跑的步数要进行适当调整。

（五）400 米跨栏跑技术训练

（1）在步行、快步走和跑中用 1、3、5 的步数节奏做适合于上栏腿的分解性练习。

（2）在步行、快步走和跑中用 1、3、5 的步数节奏做适合于蹬地腿（正在上栏时）的分解性练习。

（3）综合训练：该练习一般设 5 个栏，并且栏的高度逐渐增加，在步行、快步走和跑中用 1、3、5 步数节奏在中间攻栏。在进行（1）和（2）训练的最后阶段尽可能达到 84 厘米。栏间距离应与步数和速度相适应，以避免跳跃过栏。所有训练首先要成直线，以后也可曲线进行。上述训练如果以偶数步（2、4、6）进行栏间跑的话，双腿就可以交替进行。

（4）400 米跨栏的运动者技术要求。

①起跑：平稳加速，步点准确。

②栏间跑：跑的动作放松、节奏明显、步幅开阔；根据个人能力减少栏间跑步数，步长相对稳定，跑速均匀；缩短各步支撑

时间。

③过栏：掌握左、右腿轮换起跨过栏技术（以右腿为主）；过栏动作轻松、自然，且有一定幅度。

④全程跑：合理分配体力，跑速相对均匀；抓好后半程的技术和能力，后半程与前半程时间差不超过 2 秒。

第二节　跳跃

一、跳远技术训练

（一）助跑技术训练

1. 全程助跑训练

全程助跑训练是助跑练习中最基本的手段，需要反复多次进行大量的练习，使运动者逐渐体会、掌握助跑的节奏、步长、步频的变化以及身体前倾角度的变化、速度的变化等，从而最终掌握积极快速、稳定、准确的助跑技术。助跑练习要安排在体力相对较好的时间进行。运动者必须全力以赴，方能取得好的效果。助跑练习必须与起跳相结合进行，在助跑最后几步积极向前不减速的情况下踏板起跳是助跑练习中的关键。只跑而不做起跳的练习方法与实际比赛中的助跑有较大差异，因此效果不好。由于助跑的强度较大，实际上是最为结合专项的速度训练，所以每次练习次数不应超过 10 次，注意保证训练质量。

2. 加速跑训练

加速跑训练主要有两种形式，一种是练习助跑节奏的加速跑：60 ~ 80 米，逐渐加速，到最后 20 米，步长和步频都要加到最大限度，主要体会助跑最后阶段在保持步长的情况下加快节奏的技术感觉。要求运动者动作放松，节奏快，但不能明显缩短步长。

另一种是练习步长稳定性的加速跑：60～80米，从站立式开始逐渐加速，争取每一次跑过终点时都以同一只脚落在前后误差不超过10厘米的地方。这个练习主要发展运动者步长和加速的稳定性，这是提高跳远运动者助跑稳定性和准确性的关键。

3. 间隔跑训练

间隔跑训练又称跑格，根据运动者的步长情况，在跑道上用适当的材料（如海绵块、橡皮膏等）放20～25个标记（标记间的间隔是40～55米），标记间的距离逐渐加大，然后保持，最后6～8个要逐渐略微缩短。该训练主要发展运动者的助跑节奏。要注意标记的间隔距离一定要适当，也可以将标记放在助跑道上进行此练习。

4. 变节奏跑训练

进行80～100米跑，跑中逐渐加速加快节奏，当节奏达到最快时，放松跑10～20米，然后再将节奏加到最快。这个练习主要发展运动者在助跑最后阶段积极加快节奏的能力，每次跑可重复2～3次节奏变换。训练中要求快、慢节奏交替练习。

（二）起跳技术训练

1. 起跳模仿训练

模仿起跳腿的踏板动作以及摆动腿的摆动、双臂摆动、髋关节快速前移等动作，以形成正确技术概念和体会动作感觉。

2. 一、三、五步助跑连续起跳训练

在草地上或比较有弹性的地面上进行。运动者每跑一步、三步或者五步进行一次起跳，连续进行5～8次。这一练习主要用于帮助运动者掌握正确的起跳放脚、蹬摆配合、全身用力协调一致等动作。要求起跳脚放脚积极，摆动腿大幅度快速摆动，双臂动作与起跳腿蹬伸及摆动腿的摆动协调配合。

3.短程助跑起跳腿落高台训练

先助跑4～6步,起跳后,用摆动腿落在距起跳点2.5～3米、高度为50～70厘米的高台上。要求运动者摆动腿积极、快速、大幅度摆动并保持腾空步姿势,直到落到台上。

4.短程助跑起跳用头或手触高悬物训练

采用4～6步助跑,起跳后,用手或头触高悬物。高悬物的高度为2.20米(用头触)至2.80米(用手触),距起跳点3米左右。要求运动者在充分完成起跳的基础上,在腾空步过程中保持上体正直并充分伸展上体。主要目的是使运动者体会起跳时挺胸收腹、提肩、顶头的动作,促进起跳时身体各部分的协调配合和集中用力的动作,加大起跳力量,以获得更大的腾起高度。要求在起跳后完成腾空步动作,也可以在起跳后进行完整的腾空和落地动作。

5.短程助跑起跳越过障碍训练

采用4～6步助跑,起跳后,保持腾空步姿势越过高度为50～70厘米的障碍。障碍位于距起跳点约3米的地方,也可以将助跑延长8～10步。要求在起跳后完成腾空步动作,也可以在起跳后进行完整的腾空和落地动作。

6.加高起跳点起跳训练

采用4～10步助跑,在高度为10～20厘米的台上起跳(用木质或其他坚固材料制成),以此促使运动者在助跑最后一步积极蹬摆,使身体重心迅速前移。起跳点的高度在开始练习时可高一些,然后逐渐降低,最后过渡到平地上起跳。要求在起跳后完成腾空步动作,也可以在起跳后进行完整的腾空和落地动作。

(三)助跑与起跳技术结合训练

1.原地模仿起跳训练

原地模仿起跳训练旨在让运动者体会起跳过程中起跳腿着

地蹬伸动作和两臂与腿协调摆动的路线及用力顺序,初步掌握整个动作过程。摆动腿屈膝前摆尽可能达到水平位置。起跳腿积极向前送髋,膝、踝关节充分伸直与上体成一条直线。两臂屈肘前后迅速摆动,到位后急停。当起跳腿距离体前约 40 ~ 50 厘米处时,用全脚掌支撑,摆动腿在体后用前脚掌撑地,两臂屈肘与下肢协调摆动。训练中注意先由摆动腿快速蹬离地面,努力送髋,随即以髋带腿迅速前摆,小腿主动靠拢大腿,当大腿摆动接近起跳腿时便加速向前上方摆至水平位。于摆动腿蹬地送髋的同时,起跳腿积极着地,髋部加速前移,并迅速由全脚掌过渡到前脚掌和脚趾支撑。最后人体形成抬头挺胸,提肩拔腰,髋部前挺,起跳腿膝、踝充分伸直,摆动腿屈膝前顶的姿势。

2. 上步起跳训练

起跳前先做好准备姿势,用全脚掌撑地,摆动腿伸直在体前约 30 厘米处,起跳腿在后,用脚前掌撑地,两臂屈肘于身体两侧。该训练的目的是让运动者体会摆动腿与起跳腿在整个跳远过程中充分蹬伸的效果,摆动腿积极支撑,起跳腿向前迈出做放腿起跳。训练中注意摆动腿要迅速、有力的做蹬伸动作。起跳腿积极主动下压,小腿和脚做好"扒地"动作,同时两臂协调配合。

3. 定向跳远训练

该训练的目的是提高跳跃能力和起跳速度,改进着地前伸小腿的技术。训练中注意快速助跑、积极起跳、充分蹬伸,使身体舒展、放松。练习定向跳远时,要考虑到沙坑标志的位置,应尽量放远,要求尽量前伸小腿,改进着地技术。

(四)腾空技术训练

腾空技术空中动作的关键,一是动作时机要准确,二是全身要协调配合。在训练中,教练员应分步骤、分阶段安排不同腾空技术训练,使运动者形成正确的技术概念,准确掌握动作技术要领。

（五）跳远技能阶段训练

1.基础技能训练阶段

全面训练,抓住运动者素质发展的敏感期,着重发展速度、快速力量素质和灵敏协调性,掌握正确基本技术动作,形成正确的跳远技术。训练过程中,运动负荷基本不超过训练计划中所规定的负荷量和负荷强度要求。

2.初级专项训练阶段

在全面身体素质提高的前提下,进一步发展专项素质,突出速度和快速跳跃能力,在提高技术动作的速度和幅度及效率上下功夫。

3.专项提高训练阶段

以完整技术练习为主,加大专项素质训练的比重。结合个人的特点与技术风格,深挖潜力,重点发展跳跃能力,不断提高运动者的专项运动素质。在进行身体训练与专项技术训练时,结合运动者的具体情况区别对待。

4.高级技能训练阶段

训练负荷和强度应接近或达到最高值,专项身体素质达到最高水平;技术训练应强调速度再上一个台阶,克服速度障碍;形成个人的技术风格。

二、三级跳远技术训练

（一）助跑技术训练

1.助跑训练

在速度训练中建立准确的速度感,通过助跑距离确定助跑的节奏、步频、速度,从而进行反复的跑练习,在助跑道上再加强训练,用固定的起动方式,平稳地提高步长、步频和跑的速度,记住助跑过程的肌肉感觉、用力程度和节奏并与客观指标进行对比(助跑距离、时间以及步长),最后六步处设标志,对助跑的速度和准确性进行检查。一般不考虑起跳因素,待助跑节奏比较稳定之后,再强调与起跳的结合。

2. 助跑、第一跳结合训练

(1)用短程和中程助跑进行单足跳进沙坑的练习。

(2)进行单足多级跳动作的练习。

(3)2～4～6步助跑起跳,起跳脚着地。

(4)通过短程助跑做单足跳动作,然后跳入沙坑。

(5)短程助跑起跳腾空换步后高举大腿,然后大腿下压,积极"扒地"完成"跨步跳"的起跳动作;摆动腿高举大腿,跨上适当高度的垫子。

(二)跳的技术训练

1. 第一、二跳结合训练

该项训练能够提高运动者快速起跳的能力,促使运动者掌握好交换腿节奏以准确的节奏完成着地再起跳,完善运动者第一、二跳的衔接技术。

2. 第二、三跳结合训练

第二、三跳连接的分解技术练习,不仅能强化第二跳过渡到第三跳的连接技术,而且能提高第三跳起跳腿的跳跃能力。在三级跳远技术中,第二跳应以保持水平速度为主。一般采用以下训练方法。

(1)各种距离的跨步跳练习。

(2)4～6步助跑起跳跨进沙坑练习。

(3)4～6步助跑单足跳、跨步跳练习。

(4)2～4步助跑做单足跳接连续两次跨步跳练习。

（5）短程助跑完成第二跳接第三跳的练习。

（6）短程助跑起跳单足跳—跨步跳练习。

（7）短程助跑三级跳远练习。

（8）中程助跑三级跳远练习。

（9）全程助跑结合第一跳的练习。

（三）完整技术训练

（1）进行短程、中程助跑的三级跳远技术练习，这是三级跳远技术训练采用最多的也是基本的手段，既可熟练跳跃节奏又可提高专项能力。

（2）用全程助跑进行三级跳远技术训练，是运动者提高技术水平最直接的手段，但由于完成的强度大，对运动者各方面要求很高，较易引起运动创伤。

（四）三级跳远落地技术训练

运动者可进行以模仿、结合单足跳、跨步跳以及体会正确的着地技术为主的跳跃。在训练过程中，运动者应当注意以下几点。

（1）当腾空后段抛物线下落时大腿抬平，微勾脚尖，肌肉预先紧张准备迎接即将来临的重负荷。

（2）躯干不要过于前倾，以利于抬腿和送髋。

（3）着地动作由髋关节发力，抬平的大腿积极下压，小腿前伸，整条腿几乎成直的姿势向下向后做积极的扒地动作，伸出的腿又扒回在身体重心投影不远的地方，用全脚掌着地。

（五）三级跳远技能阶段训练

1. 基础技能训练阶段

三级跳远技术相对复杂，对运动者的身体素质要求很高，此阶段是全面发展运动者身体素质的重要阶段，应重点发展运动者的身体素质。运动者在专项技术训练中，以中、短程跳远和三级跳远的技术训练为主。

2. 初级专项训练阶段

该训练阶段在继续全面发展运动者身体素质的基础上,发展运动者的专项素质,强化运动者速度和快速跳跃和连续跳跃的能力。在技术方面,使运动者形成合理的助跑节奏和三跳节奏,充分掌握单足落地技术。

3. 专项提高训练阶段

该阶段的训练目的是提高专项身体素质和跑跳相适应的连续跳跃能力,完善运动者三级跳远的完整技术,提高运动者的快速助跑节奏、助跑准确性以及跑跳结合的自然连贯性。

4. 高级技能训练阶段

在身体素质方面,运动者应保持全面身体训练水平,使其专项身体训练水平达到最高水平;在技术方面,运动者应提高其技术的稳定性和自动化水平,使其专项技术达到最高水平。

三、跳高技术训练

（一）助跑技术训练

1. 弧线助跑训练

采用弯道跑练习,由直道进入弯道跑练习以及各种半径的圆圈和弧线跑等。

2. 快速助跑节奏训练

可采用中程助跑跳远或助跑摸高手段训练助跑节奏。

（二）助跑技术和起跳技术结合训练

1. 助跑与起跳节奏的一致性训练

运动者按照训练的具体要求,进行助跑触高、助跑跳上高架、助跑起跳过栏架以及中、全程助跑跳皮筋（代替杆）训练等。

2. 起跳时蹬摆配合的协调性训练

运动者利用各种起跳练习提高蹬摆配合的协调性，训练中要注意发挥摆腿和摆臂的作用，有时需专门做大量的摆腿和摆臂等专门练习。

3. 控制腾起方向的训练

针对控制腾起训练，运动者可以采取助跑手、头触高，助跑起跳抓高杠、助跑跳上高架等训练方式。

（三）起跳技术训练

1. 准备姿势训练

运动者身体侧对并以右臂拉住肋木，保持内倾、后倒姿势；双脚踩住小弧线，左脚脚跟着地，重心放在右脚上；左脚脚尖斜对肋木即指向小弧线的切线方向。右脚前脚掌大脚趾侧着地，右膝半屈并稳定控制重心。左臂微屈于体后。目视切线前上方，保持身体内倾姿势。

2. 蹬摆动作训练

正确的蹬摆动作是运动者重心前移，起跳脚沿外侧逐渐过渡到前脚掌着地，身体应有一定的内倾姿势，摆动腿屈膝沿弧线加速上摆，起跳腿用力爆发并充分蹬伸，使起跳腿的踝、膝、左髋、上体与左肩几乎形成一条垂直地面的垂线。此外，运动者还应积极摆臂，促使整个身体垂直上升完成起跳。

（四）起跳过杆技术训练

1. 过杆训练

运动者背对海绵包，起跳越过横杆，进而体会空中挺髋、展体、过杆等肌肉感觉。在中程助跑后，运动者可以跳上万能架进行反复练习。

2. 助跑过杆训练

以全程助跑过杆练习为主,有机结合全程过杆训练与短程过杆训练,同时适当训练助跑摸高、助跑跳上高架等技术,从而逐步完善运动者的跳高技术。

（五）跳高技术综合训练

（1）原地起跳动作练习。

（2）短助跑起跳摸高动作练习。

（3）4 步弧线助跑起跳动作练习。

（4）行进间 3、5 步起跳动作练习。

（5）全程助跑起跳坐高垫练习和全程助跑起跳练习。

（六）跳高技能阶段训练

1. 基础技能训练阶段

以发展运动者的速度为主,同时发展运动者的速度耐力、协调素质以及柔韧素质等。重视全面训练,达到促进发育、增强体质的训练目的。逐步提高运动者对跳高训练的兴趣爱好。专项技术以中、短程跳高技术训练为主,增加运动者的运动技能储备,为其之后的训练奠定良好的基础。

2. 初级专项训练阶段

在初级专项训练阶段,要进一步发展运动者的专项素质,合理分配专项运动素质训练比重,逐渐加大专项素质训练,抓住运动者的发育高峰期。除发展运动者的一般身体素质外,还应重视发展运动者的助跑速度、起跳速度以及过杆速度,加强各个技术环节之间的衔接。

3. 专项提高训练阶段

专项提高训练阶段的训练任务是加大专项身体训练的比重,

训练要符合跳高技术特点,巩固运动者各方面的技术动作,提高运动者的技术稳定性,不断完善运动者的跳高技术,使其形成具有自身特点与风格的跳高技术。

4. 技能高级训练阶段

在这一阶段,运动者应保持全面身体训练水平,加大强度训练,继续完善技术,促使运动者的专项身体训练水平达到最高水平,使运动者的潜力发挥到最大限度。

四、撑竿跳高技术训练

（一）持竿跑技术训练

1. 持长竿加速跑训练

竿长约 50 ~ 60 米,助跑平稳,均匀加速,节奏适宜。

2. 持重竿跑训练

竿头绑上 1 ~ 1.5 千克重物,以提高手臂持竿力量。

3. 持竿—举竿—送竿跑训练

运动者以持竿跑形式进行,跑到最后,要把竿子举起向前送出,每训练一次跑 10 组左右。

4. 持竿加速跑训练

在训练初始阶段,应适当增长持竿跑的距离,持竿跑的距离以 50 ~ 60 米为宜,运动者应均匀加速,节奏要适宜,持竿要放松,助跑要平稳,通过该项训练培养运动者的持竿技术。

5. 短距离持竿加速跑训练

短距离持竿加速跑的距离以 30 ~ 40 米为宜,在训练过程中运动者应逐步加速,在跑的最后阶段达到最大的可控速度。

6.持竿行进间跑训练

运动者持竿预跑 20 米左右,达最大可控速度后,保持最大速度到一定距离,如 20 米持竿行进间跑,30 米持竿行进间跑。

7.持竿反复跑训练

进行撑竿起跳的运动者持竿加速跑 40 米,走回到起点,再持竿跑 40 米,重复进行,该训练方法是发展持竿跑速度耐力的方法。

8.持竿上坡跑训练

通过进行持竿上坡跑训练,进而发展运动者在助跑时的腿部力量。

9.持竿下坡跑训练

通过指导运动者进行持竿下坡跑训练,促使运动者在助跑时腿的频率得到有效发展。

(二)插竿起跳技术训练

(1)单臂插竿起跳。

(2)原地和走动中做插竿的模仿。

(3)送竿动作路线模仿练习。

(4)持竿上跳箱,即运动者持重 5 ~ 15 千克的铁杆,助跑 4 步后踏上 40 厘米高的跳箱。

(三)插穴起跳、后仰举腿、引体转体技术训练

1.模仿插竿训练

在提高握竿点条件下,指导运动者用重竿子练习,不要使竿子前端着地,以增大两臂和肩的力量(图 6-1a)。

2.4 ~ 6 步短程助跑插竿训练

在该项训练中,运动者要注意及时送竿,同时还需积极地向

前挺胸(图 6-1b)。

3.6 ～ 8 步助跑起跳悬垂后回落训练

运动者起跳后转入悬垂,然后回落在起跳点上(起跳点最好放薄垫子),力求使弯曲的竿子尽量向前移动(图 6-1c)。

4. 全程助跑插穴起跳

该项训练要求运动者高握点,身体摆过垂直线,并在海绵垫中部着地(图 6-1d)。

5. 后仰举腿训练

首先运动者进行 6 ～ 8 步助跑,用直竿做上竿和后仰举腿动作,使其髋部靠近下手握点,小腿和脚向竿后伸出,身体成 L 形倒悬姿势下或做转体下(图 6-1e)。

6. 后仰举腿接引体转体训练

运动者在进行 6 ～ 8 步助跑后,用直竿做上竿和后仰举腿,在空中引体转体下(图 6-1f)。

7. 弯竿后仰举腿

运动者中程进行助跑,在弯曲的撑竿上完成后仰举腿练习,要求竿子成垂直复原时完成动作,不转体(图 6-1g)。

8. 全程完整技术训练

运动者采用高握点,冲击跳跃强度,完整和熟练的完成动作。

(四)悬垂、摆体与伸展技术训练

(1)原地起跳握住吊绳做悬垂后仰举腿练习。

(2)利用单杠做悬垂后仰举腿练习。

(3)利用高架做悬垂后仰举腿练习。

(4)4 ～ 6 步助跑起跳悬垂练习。

(5)2 ～ 4 步助跑起跳握住插在沙坑内的撑竿做悬垂后仰举

腿练习。

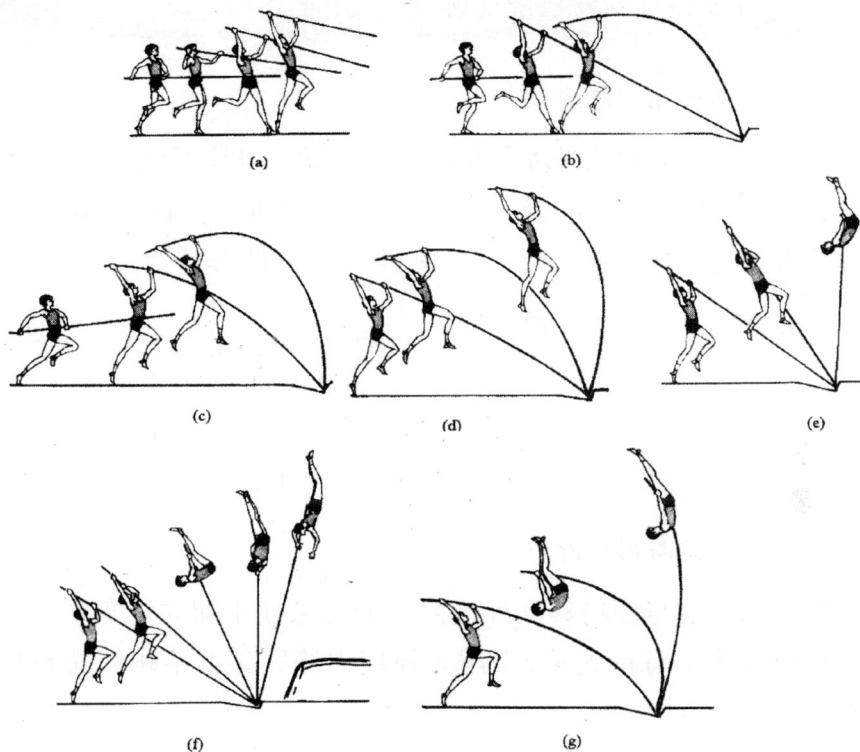

图 6-1

（五）引体、转体、推竿与过杆技术训练

（1）短程助跑撑竿跳远练习。

（2）徒手或利用器械模仿转体、引体、推竿，体会动作要领。

（3）利用高架做引体、转体推竿练习。

（4）踢高横杆练习。把横杆升到高于本人最高成绩 50 厘米以上，在完整技术跳跃中，着重体会后翻及沿撑竿方向伸展。

（5）吊绳回摆过杆练习。双手握住吊绳背对横杆架向前积极助跑，助跑结束时起跳悬垂挂绳上，然后利用回摆速度迅速摆体、转体、引体越过横杆。

（六）撑竿跳高技能阶段训练

1. 基础技能训练阶段

这一阶段的训练任务是全面发展运动者身体素质,增强其体质,培养运动者的兴趣、爱好,使运动者学习和初步掌握正确的基本技术和完整技术,并掌握与专项相关的跑、跳等技能。

2. 初级专项训练阶段

进一步掌握撑竿跳高基本技术,加强体操训练,提高灵敏、协调和柔韧性,完善起跳与竿上动作相衔接技术,发展和提高专项能力是运动者在初级专项训练阶段的重要任务。

3. 专项提高训练阶段

运动者参与专项提高训练阶段的意义在于加大其专项素质与专项技术训练的比重,采用大强度训练完善撑竿跳高完整技术,有针对性地提高身体素质水平和专项能力、提高撑竿跳高所需要的运动技能。

4. 技能高级训练阶段

在技能高级训练阶段,应减少运动者的训练次数,保证一定的训练强度,完善运动者的专项技术,提高身体素质与专项素质,进一步稳固自身的独立技术风格。

第三节　投掷

一、推铅球技术训练

（一）连续滑步训练

1. 训练要求

动作连贯、节奏清楚、身体不变形。

2. 训练方法

徒手成低姿背向滑步预备姿势。臀后移，左大腿直接向后摆腿，同时右腿蹲伸后积极收右小腿，左腿还原成预备姿势后立即连续做同样动作。

（二）滑步接转髋跳训练

1. 训练要求

滑步和转髋跳落地后，身体重心仍保持在右腿上。

2. 训练方法

成低姿背向滑步预备姿势。臀后移，左大腿直接向投掷方向摆出之际，右腿蹲伸，待两腿落地的瞬间，两脚立即做转髋跳。然后落地成最后用力预备姿势。

（三）转体连续推实心球训练

1. 训练要求

运动者的推动动作应连贯有序。

2.训练方法

运动者背对投掷方向两腿前后开立(右腿在前),双手取放在跳箱盖上的实心球。右手将球放在右肩上,右腿蹬转将实心球推出。

（四）原地向上推铅球训练

1.训练要求

运动者两腿积极蹬伸与右手向上用力、左臂积极下摆制动协调配合,向上推球时,要注意抬头看球。

2.训练方法

右手持球于肩上,左臂在体前屈肘,两腿屈腿站立,重心下降,两腿用力蹬伸的同时,右手向上推球。

（五）原地正面推球训练

1.训练要求

运动者要逐渐加大上体后仰和右腿弯曲的程度。

2.训练方法

两腿前后开立,左腿在前,左脚内扣,右腿在后屈膝90°,足膝髋正对投掷方向,上体稍后仰,身体重心大部分落在右腿上,右手持球于肩上,左手自然前上举。动作顺序要按照右腿蹬伸—前送右髋—左腿制动—挺胸—右臂向前上方推球的顺序进行。

（六）背向上步推球训练

1.训练要求

在后上方时,要保持两肩和头向右拉紧,躯干伸展,不能弓身。

2.训练方法

右腿向后上一步,随即左腿向后伸出,成最后用力前预备姿势,使身体重心保持在右腿上。动作顺序是:右腿积极蹬转—向前转送右髋—左臂外展—转体挺胸—向前上方将球推出。

二、掷链球技术训练

（一）握法训练和预摆训练

进行链球握法和掷链球预摆技术的训练,通常要用到的训练方法主要有以下几种。具体可以根据健身者的实际情况进行有针对性地选择。

（1）两脚分立同肩宽,左右前后移动髋部练习。要求反复进行训练。

（2）两脚分立同肩宽,结合双臂在肩上和头上绕躯干摆动,移动髋部练习。要求反复进行训练。

（3）手持木棒或带球进行预摆练习。要求反复进行训练。

（4）学习握法并持轻球或标准链球进行预摆练习。要求反复进行训练。

（5）左右单臂握球预摆轻球和标准球练习。要求反复进行训练。

（6）双手握球做原地和行进预摆练习。要求反复进行训练。

（7）双手握球做下蹲站起的预摆练习。要求反复进行训练。

（8）用两个或两个以上链球做预摆练习。要求反复进行训练。

（二）原地掷链球训练

原地掷链球技术的训练方法主要有以下几种。

（1）徒手模仿最后用力的练习:两脚站立与肩同宽,两腿弯曲,身体重心右移,上体正直,肩轴右转,两臂伸直放在身体右侧。

然后蹬伸两腿,升高身体重心,转髋、转肩,躯干挺伸,左腿支撑,右脚掌转动,双臂顺弧线向左上方抛掷,以模拟最后用力动作。要求反复进行训练。

（2）用实心球、哑铃或木棒做最后用力的练习。进行反复练习。

（3）原地投带球或网袋实心球,做一至两次预摆后将带球抛出。要求反复进行训练。

（4）原地投短链或轻链球,做一至两次预摆后将链球掷出。要求反复进行训练。

（三）旋转训练与旋转投掷链球训练

训练旋转与旋转投掷链球技术时,主要采用以下几种方法。

（1）徒手旋转练习:两脚分开站立,同肩宽或稍宽于肩。两腿弯曲,双手平伸于体前,以左脚跟和右脚掌向左转动,左脚左转约90°,右脚左转约60°,躯干左转约90°。身体重心随左转由双脚移至左腿,进入单支撑。在做单支撑练习时,右腿靠近左腿,左脚外侧支撑转动至左脚掌。然后以左脚掌支撑转体,右脚落地,完成一圈旋转。右脚落地后与左脚在一水平线上。要求反复进行训练。

（2）徒手旋转两圈、三圈、四圈和多圈的练习。要求反复进行训练。

（3）持木棒、带球或网袋球旋转一圈、两圈、三圈、四圈和多圈的练习。要求反复进行训练。

（4）持短链球、轻链球旋转一圈、两圈、三圈、四圈和多圈练习。要求反复进行训练。

（5）持标准球做旋转练习。

（6）徒手旋转一圈,做最后用力的练习。要求反复进行训练。

（7）持木棒、带球或网袋球,预摆1~2周,做旋转一圈、两圈、三圈、四圈和多圈的投掷练习。为增加投掷次数和熟练技术可在网前做以上练习。

（8）持短链球、轻链球、标准链球预摆 1 ~ 2 周，旋转一圈、两圈、三圈、四圈和多圈投掷练习。同时运动者还可以在网前做以上投掷练习，增加投掷次数。要求反复进行训练。

（四）第一圈旋转训练

在进行第一圈旋转技术训练时，可以采用以下几种训练方法。

（1）徒手进行第一圈旋转练习：运动者两脚分立，两膝弯曲，上体正直，两臂平伸至身体左侧，左脚掌或左脚跟开始左转，随身体重心左移右脚以跟进形式靠近左腿进入单支撑，借助惯性完成单脚支撑，右脚落地形成一个充分的超越姿势。要求进行反复训练。

（2）右手持木棒或链球向左前方引摆，身体跟随链球或木棒旋转一圈的练习。

（3）双手持木棒或链球向左前方引摆，身体跟随链球或木棒旋转一圈的练习。

（五）完整技术训练

掷链球的完整技术训练方法主要有以下几种。

（1）在圈内或圈外预摆两周，旋转三圈或四圈掷链球练习。要求反复进行训练。

（2）用不同重量和不同长度的链球预摆两周，旋转三圈或四圈掷链球练习。要求反复进行训练。

（3）用不同重量和不同长度的链球预摆两周，旋转三圈或四圈掷链球记时和要求强度指数的练习。

（4）进行技术评定或成绩测试。

三、掷铁饼技术训练

（一）原地拉胶带训练

1. 训练目的

（1）体会鞭打出手动作中上体、肩带和投掷臂的肌肉用力感觉。

（2）建立大环节带动小环节的用力顺序。

（3）发展下肢、髋部和躯干的专项力量。

2. 训练方法

（1）预备姿势

将 3 米长胶带一端固定于地面位置，面对胶带，两脚前后开立约一肩半宽，右前左后，右手握住胶带另一端。

（2）动作过程

降低重心，体重压在弯曲的右腿上，左肩和右膝大约在同一垂直线上。右腿和右髋发力带动躯干和右臂向投掷方向转动。以胸带臂拉引胶带模仿鞭打动作。之后恢复，以开始姿势进行重复练习。

（二）坐投实心球训练

1. 训练目的

（1）发展躯干和肩带专项力量。

（2）培养最后用力意识。

2. 训练方法

（1）预备姿势

面对投掷方向，双手握住实心球于左膝部坐在纵向的长凳上，左腿在前全脚触地、右腿在后脚掌支撑。

（2）动作过程

身体微微后仰,投掷臂向体侧展开,右手持实心球。随转体向后摆动实心球,并达到最低点。躯干发力,以胸带臂迅速向投掷方向投出实心球。同伴帮助重复练习。

（三）鞭打标志物训练

1. 训练目的

（1）发展专项速度力量。

（2）培养身体的快速用力节奏感,加强最后用力意识。

（3）提高控制能力和动作准确性。

2. 训练方法

（1）预备姿势

背对标志物,两脚前后开立约一肩半宽,右前左后,右手握一小竹条或木条。

（2）动作过程

降低重心,体重压在弯曲的右腿上,后摆小竹条至身后与头同高。扭紧躯干,左肩和右膝大约在同一垂直线上。身体以左侧为轴快速向投掷方向转动。以小竹条末端迅速用力鞭打标志物。身体回转恢复开始姿势重复练习。

（四）腰系带球打墙角训练

1. 训练目的

（1）体会右腿和骨盆绕身体左侧轴转动的技术感觉。

（2）提高腿部和髋部的专项协调性。

2. 训练方法

（1）预备姿势

用腰带将带球系于腰右侧,面对墙角双脚左右开立,约肩宽,右手扶墙角。

（2）动作过程

降低重心，以身体左侧和左腿为轴大幅度向左转动骨盆，将带球荡起打在墙角外侧。随带球反弹，身体回转恢复开始姿势，重复练习。

四、掷标枪技术训练

（一）投掷步训练

投掷步是掷标枪助跑最重要的步骤，其基本方法是在不减速的情况下进行引枪、交叉步，以使身体达到用力投掷前的最有利姿势。这一姿势还承担着承上接下的任务，在高速的助跑中来完成一系列动作，动作必须要准确无误。其训练的主要内容有以下方面。

1. 投掷步引枪技术训练

投掷步是助跑的后半程，在5～7步的距离内要完成向后引枪、交叉步和用力掷出的衔接步的技术环节，同时还要在预跑段的基础上加速来完成。所以要想提高投掷步的加速能力必须做到熟练准确地完成引枪和交叉步技术，从而使整个投掷步所完成的一系列动作形成自动化。

（1）原地做向后引枪

熟悉引枪的正确动作及完成引枪过程中的整体肌肉感觉。

（2）上步引枪

在保持正确向后引枪动作的同时，体会与下肢的协调配合。

（3）跑动中向后引枪

在速度由慢到快的情况下与引枪动作的配合。

2. 投掷步完成动作训练

完成投掷步的方式较多，主要根据健身者在投掷步时所采用不同跑的方式来划分。而不同跑的方式又取决于健身者的素质条件和掷标枪技术的发展情况。其主要有以下训练内容。

（1）跳跃式投掷步训练

训练时不可跳得过高，不然就会影响水平速度的保持和发挥，还会增加腿着地的负担量，从而造成动量的损失。

（2）跑步式投掷步训练

用平跑一样的步子来完成投掷步训练。其特点是能够保持预跑阶段已发挥的水平速度，保持整个投掷步动作处于紧张状态，但加速感不强。

（3）混合式投掷步

综合以上两种训练。在完成向后引枪的两步用弹跳步或用平跑步，交叉步用平跑步或用弹跳步。该动作投掷步节奏性强、动作放松，是当今标枪运动员采用较多的投掷步方式。

3. 加强投掷步的节奏训练

合理的投掷步节奏是提高投掷步加速的重要条件。最理想的投掷步节奏应当是连着均匀的三步，最后腾空停顿一下，做到起跳，但这种节奏很难做到。从技术影片或录像解析中均找不出这样的节奏。而我们发现投掷步节奏与它每步的步长比例有着密切的关系，在投掷步节奏训练中应重点以找到一个最佳的步长比例为重。

（二）最后用力动作训练

一切掷枪前所做的动作都在为最后用力动作做准备。因此最后用力动作是技术训练的重点。

1. 最后用力的发力时机

最后用力是在交叉步结束后，人身体重心移至右腿支点垂直面，左腿积极前迈的瞬间开始的。

2. 最后用力顺序

最后用力的发力顺序要遵循由接近运动者总重心部位的大

肌肉群开始,随之是躯干、上体及投掷臂的自下而上的用力顺序。

3.做好用力的动量传递

根据动量守恒定律,标枪向前运动的动量的增加量相当于人体动量的减少量,也就是说人体损失的动量越多,标枪受到的作用力也就越大,这是人和标枪组成系统的内部动量传递关系,要严格遵守这一定律,才能将标枪掷得更远。

第七章　球类运动项目训练实践指导

球类运动作为竞技运动的一个重要组成部分,不仅在世界范围内得到了广泛普及,而且在各级学校中也得到了普遍的开展。球类运动以其对抗激烈、趣味性强、形式多样等特点,吸引着众多体育爱好者参与其中。本章重点就球类运动项目训练实践进行阐述,具体涉及的项目有篮球、足球、乒乓球、羽毛球、台球及高尔夫球。

第一节　大球运动

常见的大球运动有篮球、足球和排球等项目,本节就篮球与足球运动的技术训练实践进行阐述。

一、篮球运动技术训练实践指导

（一）篮球技术分析

1.进攻技术
（1）运球技术
以高运球为例,高运球时,微屈两腿,稍向前倾斜上体,两眼注视前方,将肘关节作为弯曲轴,自然伸屈前臂,用手腕与手指在球的后上方按拍,拍按时要求动作柔和有力。在运球手臂的同侧脚的外侧控制前方球的落点,这样球的反弹就会高于胸腹位置。

在高运球时,运动员推按球要用力,手脚配合要协调(图7-1)。

图 7-1

（2）传球技术

以双手胸前传球为例,双手持球于胸腹间,两肘自然弯曲于体侧,成基本站姿,眼要向传球的目标方向平视。传球时,猛蹬后脚发力,前移重心,前伸两臂,旋转两手腕于内侧,用力下压拇指,迅速用食指与中指拨球,快速传球(图7-2)。球出手后身体迅速调整成基本站立姿势。

图 7-2

（3）接球技术

以右手接球为例,右脚向来球方向迈出,接球时微屈右臂,手掌保持勺形姿势,自然分开手指,向迎球的方向伸出手指,同时左脚迈出一步。当手指与球接触后,顺势后撤手臂,同时收肩,上体微向右后转动。然后用左手帮助将球握于胸前。跳起用单手接高球时,可采用手指尖触球后顺势卷腕的手法,把球引到胸前成双手持球(图7-3)。

图 7-3

（4）持球突破技术

以原地持球交叉步突破且右脚做中枢脚为例。左右两脚分开站立,膝盖稍做弯曲,降低身体重心,在胸腹之间持球。突破时,迅速将左脚前脚掌的内侧蹬地,稍微向右转动上体,向前下压左肩,向右前方移动重心,左脚向右侧前方蹬地,把球引在身体右侧,蹬地并向前跨出右脚,迅速超越防守。运动员在进行原地持球交叉步突破时,应注意弯曲膝盖,降低重心,迅速将移动脚蹬地,向前跨出右脚(图 7-4)。

图 7-4

（5）投篮技术

投篮技术有原地单手投篮、原地双手胸前投篮、行进间投篮、扣篮等几种方式，下面仅以原地单手投篮为例来分析投篮技术动作。

以右手投篮为例，双脚在原地分开站立，右脚稍微向前方迈出，运用两脚中间的力量承担身体重心，肘弯曲，手腕向后方向仰，掌心保持向上，自然分开五指，用手将球放在右眼前上方，用左手扶住球的侧面，两膝稍稍弯曲，放松上体并稍微向后倾斜，双眼与篮点对视。投篮时，蹬伸下肢，同时顺势伸展腰腹部，肘部上抬将前臂伸直，前屈手腕，手指在手腕的带动下将球弹拨出去，最后运用食指与中指将球用力投出，球与手相离后，右臂要自然跟进投篮动作。在进行原地单手投篮时，运动员应注意手腕要有力，球的飞行要有一定的弧度（图7-5）。

图7-5

2.篮球防守技术

（1）防有球队员技术

防传球：防守队员防传球的目的是阻止对手向篮下有攻击威胁的内线区域传球。防守队员在进攻队员接到球之后，要选择正确合理的防守位置，防守位置与对手的位置之间的距离要适当，防守队员要将自己的身体重心调整好，双眼注视球，判断对手的传球目的，判断依据是对手的位置、视线与动作，防守队员要通过干扰与封堵进行防守，具体方式是挥动手臂。防守队员要尽量使对手向外传球，阻止其向内线进行传球。

防投篮：防止对方投篮成功是防投篮的根本目的。因此,在对手掌控球后,防守队员要时刻保持警惕。斜步防守贴近对手是防守队员主要采取的防投篮手段,挥动手臂对其进行干扰,使其放弃投篮。与此同时,另一手臂要向侧方伸直,对对手的传球造成一定的阻碍作用。防守队员要对对手是否投篮做出正确判断,注意其假动作。

（2）防无球队员技术

防接球：在防守技术中,防守无球队员的首要任务是防接球。防接球技术需要注意以下方面：其一,要求防守无球队员具有较强的预测性,在对手试图接触球时,能够积极采取行动阻止对手接触球；其二,当接球队员处于被动情况时,防守队员也要积极跟防、追堵,破坏对手顺利接球。

防守队员在防接球时,应在自己的视线范围内时刻关注对手和球,并做出准确的防守动作,膝盖弯曲,降低身体重心,保证向任何方向都能够随时起动,要特别注意衔接起动与移动步法,并注意控制平衡,在动态中始终保持在对手与球之间偏向对手一侧的断球路线上,同时伸出同侧手臂形成"球—我—他"的钝角三角形的防守选位。

防摆脱：防摆脱能够有效防守无球进攻队员。防摆脱指的是限制和封堵无球进攻队员的摆脱。通常,在后场进攻队员会通过快下接球攻击来摆脱防守。这时防守队员一定要主动防止其进攻。在篮球比赛中,抢占有利的防守位置是防守无球队员的关键。

（3）抢篮板球技术

抢进攻篮板球：这是抢篮板技术的重要内容。处于篮下或内线队员抢进攻篮板球,当同伴或自己投篮时,靠近篮下的队员要及时判断球反弹的方向,并借助假动作绕膀挤到对方的身前,利用跨步或助跑起跳,跳到最高点进行补篮或直接获取篮板球。

对于处在外线位置的队员抢篮板球,当同伴投篮时,如进攻队员面向球篮,则首先要观察并判断球的反弹方向、速度和落点,然后突然起动冲向球反弹的方向进行补篮或抢获篮板球。以从防守人身后左侧冲抢为例,进攻队员面向球篮时,右脚向右侧跨步,向右侧做假动作,随后以左脚为支撑脚,右脚向左跨出一小步,重心移至左脚,同时右脚立即向前跨步绕前,挤靠防守人,从而跳起抢篮板球或进行补篮。因此,准确判断进攻时间,绕步冲阻,并及时起跳,以补篮或组织第二次进攻是进攻队员需要注意的方面(图 7-6)。

图 7-6

抢防守篮板球:这也是抢篮板球技术的一种方法。处于篮下防守,当对手准备投篮时,以对手的投篮位置与移动情况为依据,运用上步、撤步和转身等动作阻截对手,使其位于自己的身后,防守队员还要注意对有利的位置进行积极抢占。在篮下抢位挡人时,一般采用后转身挡人,降低重心,两肘外展,以抢占空间面积,并保持最有利的起跳姿势。

对于处于外围的防守队员抢篮板球,当进攻队员投篮、防守队员面向对手时应观察判断对手,通过采用合理动作利用转身阻止对手向篮下移动,并抢占有利的位置,是进攻队员需要做的几个方面。起跳进行抢球时,向上摆动两臂,同时,将两脚的前脚掌用力蹬地,尽力向球的方向伸展身体和手臂,身体和手臂伸展到最高点时,积极进行抢球。

(二)篮球技术训练

1. 运球技术训练

(1)原地做高运球、低运球训练。
(2)左、右手交替在体前做横向运球训练。
(3)直线跑动中高低运球训练。
(4)原地或行进间两手各运一个球训练。
(5)在体侧做纵向前拉后推运球训练。

2. 传接球技术训练

(1)原地徒手双手持球动作的模仿练习。体会不持球时,能否正确地做出双手持球的徒手模仿动作。
(2)成双手持球的徒手模仿动作,做向来球方向伸臂—主动回收手臂的徒手模仿接球动作。
(3)原地双手持球基本姿势的练习。每人一球,双手持球于胸前,体会双手持球的正确动作方法。

3. 持球突破技术训练

(1)模仿训练。熟练两种不同的脚步运作与方法和跨步、转体、探肩动作。
(2)徒手做突破训练。两人一组,一人站在突破者前面,突破者做持球突破动作。两人一组互相交换训练。

（3）原地持球突破训练。队员分布在半场内，以篮圈为目标，模仿突破的脚步动作。

（4）一对一持球突破结合跳投或行进间投篮训练。进攻者进攻失球后，两人攻守交换。

4. 投篮技术训练

（1）原地徒手模仿投篮技术动作训练。

（2）原地模仿跳投训练。

（3）两人一组一球，相距 4～5 米对投训练。

（4）自抛自接球后做急停跳投训练。

5. 防有球队员技术训练

（1）抢地滚球练习。队员在端线两侧站二列横队，面相对。教练员在端线中点向场内抛球，左右对应的两个队员快速冲向球，抢到球的队员向对面篮进攻，未抢到球的队员进行防守。

（2）两人一组相距 1.5 米，面对面站立，一人双手持球于腹前，另一人按抢球的动作要求，突然上步将球抢夺回来。持球队员由正常握球开始，逐渐加大握球力量，使抢球队员体会和掌握拉抢和转抢的动作方法。每人抢若干次后，攻守交换练习。

（3）三人一组，两人相距 1 米，中间一人持球向两侧摆动，两侧无球队员根据球的部位，及时抢球。然后持球队员逐步改做转身跨步和摆脱护球动作，另两名队员伺机抢球。完成一定次数后，攻守交换。

6. 防无球队员技术训练

（1）防投切选位练习。两人一组，进攻队员原地只做投切结合动作。防守队员快速移动脚步动作，及时调整重心、步法，做好防投防突的选位练习。

（2）两人一组，进攻队员在离篮 6 米左右，防守队员传球给进攻队员后立即对他进行防守。进攻队员则利用投突结合动作来进攻。练习一定次数或防守成功一定次数后,攻守双方交换。

（3）抢位与防底线突破训练。

7.抢篮板球训练

（1）队员以两列横队站立,听教师口令进行原地徒手双脚起跳,进行用单手与双手抢篮板球的模拟练习。

（2）队员持球向篮板或墙上抛球,做上步起跳的动作,在空中用单手或双手抢反弹回来的球。

（3）队员站成两列横队,每人一球,向头上抛球后起跳,用双手或单手做空中抢球训练。

二、足球运动技术训练实践指导

（一）足球技术分析

1.传球技术

传球是运动员需要掌握的最基本的技术。它是集体配合的基础,是完成战术配合、争取时间和空间、突破对手防线、创造射门时机的重要手段。在传球时要注意以下几点:传球应尽量快速、简练;后场尽量少做横回传,特别是在风雨天更应该注意;传球前要注意观察周围情况,正确预见同队队员和防守队员的意图;传球时要隐蔽自己的意图。

2.接球技术

（1）脚内侧接球

以脚内侧接地滚球为例,支撑脚正对来球方向,微屈膝关节,稍向前倾上体,身体重心放在支撑脚上。接球脚提起(约一球高),大腿外旋,膝关节稍屈,脚掌与地面平行,脚内侧对准来球。当脚接触来球时,快放大腿,用脚内侧作为切面与来球前缘相切,切后随即微微上提,将来球挡在身体前并缓缓向前滚动(图7-7)。

图 7-7

（2）大腿接球

接球腿大腿抬起，以大腿中前部对准下落的球，当球接触大腿时，顺势向下撤腿，使球落在下一个动作所需的位置上（图7-8）。

图 7-8

（3）胸部接球

以挺胸接球为例，身体正对来球，两脚前后或左右开立，两膝稍屈，上体略后仰；当胸部与球接触时，脚跟提起，憋气，同时向上挺胸，使球在胸部轻轻弹起（图7-9）。

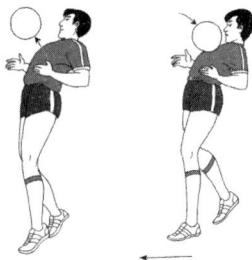

图 7-9

3.运球技术

（1）脚内侧运球

支撑脚始终领先于球,位于球的侧前方,肩部指向运球方向,支撑腿膝关节微屈,重心下降,另一只腿提起屈膝,用脚内侧推球前进,然后运球脚顺势着地。

（2）运球过人

运球时要逼近防守者,距对方2米左右。身体要保护球并用远离防守者的脚控制球。过人时重心要低并落于两脚之间,有利于假动作使对方失去重心,运用拨、拉、扣、挑等技术动作,突然快速地摆脱越过对手（图7-10）。

图 7-10

4.颠球技术

（1）挑球

支撑脚踏在球的侧后方25～30厘米处,膝关节微屈,牢固支撑身体,挑球脚前掌轻轻放在球顶部位,屈小腿（大腿微伸）将球轻轻拉向身体,当球被拉动后,前脚掌迅速着地并伸向往回滚动的球,当球滚至趾背的同时,脚趾伸,小腿微屈,大腿屈,并向前上方轻轻用力将球挑起。

（2）正脚背颠球

用正脚背击球,击球瞬间踝关节紧张,击球的下部,由于摆腿的原因,击球后球产生一定的向内旋转是正常的。颠球时两脚可交替击球,也可单脚连续击球。击球时用力均匀,使球始终控制在身体周围。

（3）大腿颠球

抬腿屈膝,用大腿的前三分之一部位向上击球的下部。抬腿不宜过高,与髋关节高度平行或稍高于髋关节即可。两腿可交替击球,也可单腿连续击球。

5.踢球技术

（1）脚内侧踢球

以踢定位球为例,直线助跑,两眼看球,支撑脚在球侧后方10～15厘米处,脚尖指向出球方向。踢球腿以髋关节为轴由后向前摆动,脚踝外展,脚尖稍翘,以脚内侧部位对准来球(图7-11)。

图 7-11

（2）脚背正面踢球

踢定位球时,直线助跑,两眼看球,支撑脚在球侧后方25厘米左右处,脚尖指向出球方向。踢球脚脚背绷直,保持头部和膝部在球的上方,用脚的鞋带部位击球的后下部。

踢地滚球时,脚趾应对准出球方向,击球部位应准确,以保证击球时能发上力。对速度较快的来球,要加大摆踢力量和调整出球方向,消除其初速度对击球方向的影响。

（3）脚背内侧踢球

踢定位球时,斜线助跑,助跑方向和出球方向约成45°角。支撑脚在球侧后方25厘米左右,脚尖指向出球方向。用脚背内侧踢球的后下方。踢球时脚背要绷直,脚趾扣紧,脚尖指向斜下方。

6.头顶球技术

（1）前额正面顶球

以原地顶球为例。身体正对来球方向,眼睛注视来球,两脚左右开立（或前后开立）,膝关节微屈,重心置于两脚间的支撑面上（或后脚上）,两臂自然张开,当球运行到快要通过重心垂直于地面的垂线时,两腿用力蹬地,迅速向前摆体,微收下颌,在触球前瞬间颈部做爆发式振摆,用前额正面击球中部将球顶出（图7-12）。

图 7-12

（2）前额侧面顶球

以前额侧面原地顶球为例,身体稍侧对来球,两脚前后开立,出球侧支撑腿在前,身体侧后微屈,重心落在后腿上,两臂自然张开,眼睛注视来球。顶球时,后脚向出球方向猛力蹬伸,身体随之向出球方向转动侧摆,同时颈部侧甩发力,用前额侧部将球顶出。

7.抢截球技术

（1）正面抢截球

正面抢球是当对手从正面运球前进时采用。控制好身体重心,两膝弯曲,上体略前倾,并注意观察对手的脚下动作,在对手触球的刹那,支撑脚前跨将球控住。如果双方对脚触球,则应顺势向上做提拉动作,将球从对方脚背上带出。

（2）侧面抢截球

重心略降,身体向对手倾靠,手臂贴紧身体。在对手近侧脚离地刹那,用肩以下、肘以上的部位猛力冲撞对手的相应部位,使其重心失去控制,乘机伸脚将球控在脚下。

8.守门员技术

（1）接球技术

①接地面球

跪撑式。多用于向侧移步接球。接左侧球时,左腿屈,右腿跪撑于左脚附近,距离不得超过球的直径,其余动作与直腿式接球相同（图7-13）。接右侧球时,动作相同,方向相反。

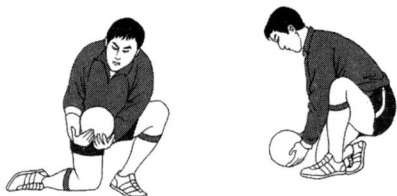

图 7-13

直腿式。面对来球,弯腰时两膝伸直,两腿分开,距离不得超过球的直径,两手掌心向上,前迎触球后将球抱于怀中（图7-14）。

图 7-14

②接高空球

面对来球,两臂上伸,两手拇指相对呈"八"字形,其余四指微屈,手掌对球。在最高点手触球瞬间,手指、手腕适当用力,缓冲来球并将球接住,顺势转腕屈肘、下引将球抱于胸前(图7-15)。

图 7-15

（2）扑球技术

扑球技术是守门员技术的难点,也是守门员技术中最具有观赏性的动作。扑球主要有倒地侧扑和跃起侧扑(鱼跃扑球)两种。下面仅就前一种技术进行分析。

以扑两侧球为例,两眼注视来球,身体重心置于两腿之间,两脚时刻准备蹬地,精力集中。扑球时,异侧脚内侧侧蹬发力,同侧脚屈膝迎球跨出,上体顺势压扑以加速重心的前移倒地,双臂同时迎出接球,腕关节稍内扣,用手掌挡压控球。触球后屈臂收球于胸前,并快速抱球起身。侧倒过程以小腿、大腿、臀部、肩和手臂外侧顺序缓冲着地。

（3）击球技术

击球一般用于出击时的防守,在争抢高球无把握接住球的情况下,可利用单、双拳将球击出。

单拳击球:起跳上升,同时,击球手臂位于肩侧,屈肘握拳,体稍侧转。至最高点时,身体快速回转,以肘带肩挥拳,用拳面将球击出。

双拳击球:起跳上升,同时,双臂于胸前屈肘握拳,两拳靠拢,拳心相对。至最高点时,双拳同时迎球冲出击球。

（二）足球技术训练

1. 传接球技术训练

（1）将球向上抛起或踢起，球下落时选择身体合适部位接空中球或反弹球。

（2）对墙进行踢球，然后用身体合适部位主动去接墙反弹过来的不同性质的球。

（3）两人一组，互抛互接，练习接空中球或反弹球。抛球的力量可由小到大，距离由近到远，速度由慢到快。

（4）运球的同时练习地滚球、空中球或反弹球等。

2. 运球技术训练

（1）无对抗训练

①直线运球：两队纵向站位相距 l0～30 米，A 直线运球传给 B，B 接球后直线运球传给 A，以此连续进行。

②"8"字运球：设两根旗杆，相距 5～8 米，练习者 A 运球绕旗杆做"8"字运球，运回后传给 A，依次进行。

③圆周运球：练习者可沿中圈做圆周运球，运球一周后将球传给下一个练习者，依次进行。

（2）对抗训练

①消极对抗训练：防守队员消极抢球，做各种防守动作来干扰控球队员的注意力。若防守队员向左侧跨步，控球队员应从右侧运球突破。练习中应要求队员牢牢控球于脚下，视情况迅速变向，运球突破时应加速超越防守队员。

②积极对抗训练：控球队员向位于中线的防守队员靠近，防守队员只允许在线上左右移动。

3. 颠球技术训练

（1）用左脚或右脚尖把放在地上的球向上挑起。

（2）用左脚或右脚的前脚掌向后拉球的同时用脚尖把球挑起。

（3）用脚背上撩的动作,把落地反弹起的球从头上越过进行练习。

（4）累计在规定时间内不落地击球次数。

（5）用脚背颠球,记录不落地击球次数。

4. 踢球技术训练

（1）做向前跨一步的踢球模仿练习。

（2）一人脚底踩球,另一人做向前跨一步踢球练习和慢速助跑踢球练习。

（3）两人相距15米,中间放两个间隔1米宽的标志物,试着传球并从中间通过,成功一次得1分,先得10分者获胜。将标志物的间距缩小或加大继续练习。

5. 头顶球技术训练

（1）两人一组,一人双手将球向斜上方托起,另一人站在球的下方,用前额正面顶球。

（2）进行自抛自顶比赛,顶得远者获胜。

（3）三人一组,站成三角形。一人抛球,一人顶球,一人接球。接球人变抛球人,抛球人变顶球人,顶球人变接球人,交换训练。

6. 抢截球技术训练

（1）争抢球练习。在两名运动员前方5米处放置一球,听到教练员吹响的哨音后,两人朝着球的方向同时跑进。然后选择适当的位置和时机冲撞来达到控制球的目的,注意冲撞要合理,以免造成损伤。

（2）慢跑合理冲撞练习。两名运动员朝着同一方向慢速向前跑,在跑的过程中,两名运动员可以合理冲撞对方,通过冲撞练习来对冲撞的时机、部位和用力方式进行体会。

7. 守门员技术训练

（1）进行模仿性的接球和扑球练习。

（2）进行模仿性的倒地练习。

（3）在硬地上进行移动的双手运球或对墙进行滑步掷接球练习。

（4）侧躺在地上进行双手的接球动作。

（5）扑接固定球或扑接抛球，不断增加腾空飞行的距离进行接球练习。

第二节　小球运动

常见的小球运动有网球、乒乓球以及羽毛球，本节主要对乒乓球与羽毛球的技术训练实践进行研究。

一、乒乓球运动技术训练实践指导

（一）乒乓球技术分析

1. 发球技术

现代乒乓球的发球技术主要有以下几种。

（1）平击发球

正手发平击球：以左脚在前的近台站位为例，身体稍微右转，重心偏右脚。左手的掌心托球放于体前偏右侧，右手持拍于身体右侧。左手将球向上抛起，同时右臂稍向后引拍；当球开始回落时，持拍手由身体的右后向前挥拍；在球下降接近球网高度时，将拍形稍前倾，击球的中上部。击球后，前臂和手腕应随势向前挥动，身体重心随之移向前面的脚。

反手发平击球：以右脚在前的近台靠中线偏左站位为例，身体稍微向左转，左手掌心托球放于身体前方偏左侧，右手持拍于身体前方。左手将球向上抛起，同时右臂外旋，并向身体左侧后方引拍；当球开始回落时，持拍手由身体的左侧后方向右前方挥拍，拍形稍前倾成半横状；在球下降接近球网高度时，击球的中上部,同时向右前方发力。击球后,手臂随势前挥,身体迅速还原,重心随之移至前面的脚。

（2）发短球

发短球技术击球动作小,出手较快,能够有效牵制对方。这种方式击出的球落点一般第二跳不出台。

发短球主要靠手腕和前臂摩擦发力,向前的用力不要太多,可以加上回收的力量。这样就能发出旋转比较强的短球。摩擦球的部位同发侧上(下)旋和下旋长球相同,只是要求第一跳弹在本方球台中段,这样才能以短球控制对方。

（3）发转与不转球

发转与不转球技术的特点主要表现为球速较慢,前冲力小,主要是发球手法近似,以旋转变化来迷惑对方,使其回接困难。发下旋短球能控制对方攻势,发不转球易使对方接出高球或出界,为进攻创造机会。

正手发转与不转球。以右手持拍、站位靠近左半台为例,左脚在前,右脚在侧后,抛球的同时持拍手向后上方引拍。要求拍面后仰,手腕适当外展,手臂放松,腰向右转。当球降至球网高度时,持拍手迅速用力向前或向下挥拍,发球后快速还原至准备姿势,以备下一次击球。

（4）发高抛球

以正手高抛发球为例,正手高抛发球首先应注意抛球的稳健性,抛球手的肘部要贴近身体左侧,尽量让球在抛起时接近于垂直状态,使球在身体的右侧前方降落。当球下降至大约与头部高度相同时,持拍手由右上方向左下方挥动。其次,练习者要避免击球点离身体过远,一般在右侧腰前15厘米左右为宜。

2. 接发球技术

乒乓球接发球技术是一项被动中求主动的技术。接发球者应力争破坏对方的发球,限制对方特长技术的发挥。接发球技术的好坏对接发球者在比赛中能否变被动为主动非常重要。如果接发球技术不好,就很容易给对方造成较多的进攻机会或因技术差而导致紧张、引起不必要的失误。运动员掌握良好的接发球技术,不仅可以获得直接得分,而且还可以破坏和限制对方的抢攻,为自己的进攻创造有利条件。采用何种方法接发球,要根据对方发球的旋转、落点及双方打法特点等因素来决定。

以接左(右)侧上旋球为例,一般采用推、攻回击为宜。回接时拍面角度稍前倾,加大向前下方的用力。当来球带左侧旋时,可让拍面朝左(来球方向)偏斜,以抵消来球旋转;当来球带右侧旋时,可让拍面朝右偏斜,以抵消来球旋转。

3.攻球技术

(1)正手攻球

以正手快带为例,左脚稍前,身体重心放于右脚,身体稍向右转。击球前适当拉开上臂与上身的距离,前臂、手腕自然弯曲。拍面前倾并固定手腕,使球拍高于击球点。击球时,动作要小,要求腰髋带动上体向左转动,在球的上升期击球的中上部。以前臂为主向前迎球,并利用来球前进的力量将球带出。快带中适当控制球的速度和落点变化有利于从被动转为主动。

(2)反手攻球

以反手扣杀为例,该技术的特点主要表现为动作幅度大、力量重、球速快、攻击性强,是还击半高球的一种有效的手段,也是得分的一种重要的手段。

扣杀时,直握拍选手的上臂应靠近身体,右脚稍前,同时前臂做旋外动作,拍形稍垂直。拍触球瞬间身体重心上提,食指压拍,拇指放松使拍形稍前倾,在来球的高点期击球的左侧中上部,前臂快速向右前方发力。

4.挡球和推挡球

(1)挡球

以右手为例。两脚要平行或左脚稍前,身体离球台大约50厘米。击球之前,前臂与台面应平行伸向来球。拍触球时,前臂和手腕要稍向前移动,主要是借助对方来球的反弹力把球挡回。在上升期,击球的中部,拍形与台面接近垂直。击球之后,快速收回球拍,还原成击球前的准备姿势。

（2）快挡

以正手快挡为例,准备击球时,前臂要稍向右移动。如果要挡直线,当球从台面弹起时,前臂要快速向前迎球,手腕应略向外展,拍稍微竖起,让拍面对着对方左角,在上升期击球中上部,拍形要稍前倾。如果挡斜线,手腕稍向内转,让拍形对着对方右角,触球的中上部。

（3）加力推

站位在球台中间或偏左,身体离台约50厘米。两脚平站或右脚稍前,两膝微屈,收腹含胸,身体向前或略向左转;右上臂和肘关节靠近身体右侧,前臂外旋并向上提起,引拍至身前或偏左,与球网同高或略高,拍面稍前倾。来球飞越球网时,上臂、前臂和手腕向前,挥拍迎球,同时,腰、髋向左转动,在来球的上升后期或高点期,以前倾的拍形推击球的中上部。球拍击球瞬间,上臂、前臂和手腕向前上方发力推压,腰、髋亦协助用力。击球后,手和臂顺势向前下方挥动,并迅速还原成准备姿势。动作过程中,身体重心从左脚移到右脚上。

5. 搓球技术

搓球技术是一种适用于近台和台内回击下旋球的技术。搓球技术主要有慢搓、快搓、搓转与不转球、摆短、劈长几种类型,下面只对搓转与不转球、摆短进行阐述。

（1）搓转与不转球

击球作用力是否通过球心决定是否形成转与不转球。搓转球时,除击球速度、击球力量和拍面后仰角度要加大以外,还要在球拍切击球时摩擦球的中下部,使其作用力远离球心,形成较旋转的球。而搓不转球时,减小拍面后仰角度,手腕向前用力,击球中下部并向前上推送,使击球力量接近或通过球心,这样就形成相对的不转球。另外,还要注意搓球时动作的一致性。

（2）摆短

摆短在实战比赛中的运用非常普遍。质量较高的摆短可以有效控制对方的上手进攻，其中以摆短至对方左右两边的"小三角"位置为最佳。另外，从战术的角度上讲，如果对方的步法和处理台内球的技术有缺陷，将球摆短可以调动对方到台前，迫使对方回球质量降低。

正手搓球摆短：击球者右脚前移，靠近球台，球拍向右侧后方引，拍面稍后仰，在来球的上升期击球的中下部，前臂向前下方挥动，同时手腕适当配合发力。击球后，随挥动作应稍小，并迅速还原至准备姿势。

反手搓球摆短：击球者身体前移，靠近球台，球拍略向左后引至腹前，拍面稍后仰，在来球的上升期击球的中下部，前臂向前下方挥动，同时手腕适当配合外展发力。击球后，随挥动作应稍小，并迅速还原至准备姿势。

6. 削球技术

削球可分为正手削球和反手削球两种。以下主要阐述常使用的近削、远削技术。

（1）近削

以反手近削为例，击球前，前臂上提，球拍稍竖；击球时，以前臂发力为主，手腕配合向前下方压球，在来球高点期或下降前期摩擦球的中部或中下部；击球后无前送动作。

（2）远削

正手远削：两脚分开，右脚稍后，身体略向右转，手臂向右后上方移动，前臂提起，球拍上举。当来球跳至下降后期，随着身体的向左转动，上臂带动前臂同时向左前下方用力，拍面后仰，触球中下部，手腕有一摩擦球的动作。

反手远削：击球前，前臂上提，增大用力距离，引拍时动作适当加快；击球时，上臂带动前臂发力，球拍由上向前下方挥动，在来球下降后期摩擦球的中下部。

7. 弧圈球技术

以正手前冲弧圈球为例,以击球者为直握拍者为例,击球前前臂在腰、髋的带动下向右后方引拍,身体重心移至右脚,比拉加转弧圈球时稍高。当球拍与来球高度相同或稍低于来球时,拍形稍前倾于拉加转弧圈球,手腕屈(横握拍者手腕内收);击球时,前臂在腰、髋和大臂的带动下在来球的上升后期和高点期,在身体侧前方向左前上方挥拍,以向前为主,略向上发力摩擦击球的中上部。击球瞬间,肘关节约呈 110° ~ 140°,手腕伸(横握拍者手腕外展),手指手腕快速摩擦球;击球后手臂随势向左前上方挥动,保证力量充分作用到来球上,并迅速还原以备下次击球。

（二）乒乓球技术训练

1. 发球技术训练

（1）练习发各种旋转性能的球。

（2）在台前用多球进行发球练习。

（3）离墙 2 米对墙做各种发球练习。

（4）在台上着重做第一落点的各种发球练习。

2. 接发球技术训练

（1）运动员可以通过多球接发练习,达到准确接球的目的。

（2）回接对方平击发球练习。

（3）练习接对方用近似手法发出的两种不同旋转的来球,以提高适应能力。

（4）逐步掌握用不同的技术方法回接对方发来的旋转球,以提高适应能力。

3. 攻球技术训练

（1）2 人对攻中路直线。

（2）2 人正(反)手对攻斜线。

（3）2 人对练,一人挡球,另一人练习直拍横打技术。

（4）2人对练,一人自抛自攻,另一人用挡球回击,互换练习。

（5）2人对练,一人正(反)手攻球,一人推挡回击,互换练习。

（6）2人对练,一人一点攻两点,另一人两点推挡一点,互换练习。

（7）徒手模仿正、反手攻球,直拍横打技术动作,体会挥臂、腰部扭转和重心转换等动作要领。

（8）运动员站位近台中偏右(左),在右(左)角端线附近自抛自攻对方右(左)边斜线。体会前臂内收发力和手腕内(外)旋及击球点。

4.挡球与推挡球技术训练

（1）对推练习。

（2）挡平击发球练习。

（3）推挡对方攻球练习。

（4）各种推挡球方法的结合练习。

（5）挥拍模仿推挡练习,体会击球的动作要领。

（6）推落点练习,由一点推对方球台不同落点。

5.搓球技术训练

（1）一人发下旋球,另一人将球搓回。

（2）台下做上肢徒手模仿动作,掌握技术要领。

（3）自己在台上抛球,当球弹起后将球搓过球网。

（4）发下旋球,两人对搓中路直线,再对搓斜线。

（5）发下旋球,一人正手搓对方两点,另一方正、反手搓对方正手一点,轮换练习。

（6）发下旋球,一人反手搓对方两点,另一方正、反手搓对方反手一点,轮换练习。

6.削球技术训练

（1）模仿挥拍练习。

（2）削、攻结合练习。

（3）斜线与直线的削球练习。

（4）用正、反手削对方发球的练习。

（5）用正、反手连续削对方回球的练习。

7. 弧圈球技术训练

（1）2人对搓，一人搓中拉弧圈球。

（2）按照技术的动作结构，做台下上肢徒手模仿练习。

（3）一人正手或者反手挡直线（斜线），一人练连续拉弧圈球。

（4）原地在上肢徒手动作的基础上，结合下肢步法做移动中的徒手模仿练习。

（5）台上单个动作练习，规定一人发球，一人练拉弧圈球，然后再重新发球。

（6）结合发球抢拉、接发球抢拉，拉攻中结合弧圈球，拉弧圈球结合扣杀进行练习。

二、羽毛球运动技术训练实践指导

（一）羽毛球技术分析

1. 发球技术

一般情况下，单打中多采用正手发球，双打中多采用反手发球。

（1）正手发球

以正手发后场高远球为例，正手发后场高远球是以正拍面将球以高弧线和最大位移，球到达对方的端线上空后移动方向瞬间发生改变，垂直下落到端线（底线）附近的一种发球。

发球时，左手持球，自然弯曲置于胸前，右手持拍向右后上方摆起，身体重心前移，右脚跟提起。左手放球使其下落，在右臂向前上方挥动的同时，右脚蹬地，腰腹向正前方转动。使下落的球与拍面在身体右侧前下方的交叉点碰触，球触拍面的中上部。击球时，握紧球拍，闪动手腕，向前上方鞭打击球，手臂随击球后的惯性自然往左肩上方挥起,身体重心也由右脚移至左脚。击球后,双膝微屈,重心下沉,做好回击对方来球的准备(图7-16)。

图 7-16

(2)反手发球

以反手发网前球为例,反手发网前球时,球拍的挥动方向与反手发平球一致。击球时,只需球拍从后向前推送,拍面以切削的方式击球,使球过网后迅速落到距离对方场区的前发球线不远的位置。

2.接发球技术

为了更好地接到对方的发球,首先要提高后场的击球能力。在单打比赛中多采用发高远球或平高球,可以用吊球、杀球或平高球还击。当对方发平快球时,可采用平高球、平推球、劈吊、劈杀还击,以便掌握主动。也可用高远球还击,充分做好再次还击的准备,要加强预判能力。

3.击球技术

(1)前场击球技术

前场技术包括网前的放、搓、推、勾、扑、挑球等。下面主要阐述放网前球。

以正手放网前球为例,正手握拍,球拍向右前上方斜举。向右侧侧身,右脚向右侧前方迈一大步成弓步。击球时,右臂带动手腕稍后伸,小臂稍外旋,手腕右后伸,右手轻松握拍,在手指手腕的控制下,轻击球托底部将球轻送过网。击球后快速还原以便为下次击球做准备(图7-17)。

图 7-17

（2）中场击球技术

以中场抽球为例（正手），判断好来球线路后确保移动到位，右脚向右侧跨出，侧身对网，重心向右侧转移，右臂侧上摆，前臂稍外旋。击球时，前臂带动腕部由下往右侧平地抽压，抖动挥拍。击球后快速还原，身体重心置于两脚之间，为下次击球做准备（图7-18）。

图 7-18

（3）后场击球技术

后场击球技术包括击高远球、平高球、吊球和杀球，是一种主动进攻技术，下面主要就后场击高远球展开阐述。

后场高远球是将对方击至本方后场区域的球回击高远球至对方后场的技术。它包括后场正手、头顶和反手三种击法。以正手击高远球为例，在判断来球准确的前提下迅速移动到位，让身体的位置处于球下落的左下方，侧身左肩对网，重心在右脚上，右臂屈肘自然举拍于右肩上方，左手自然高举，待球下落到合理的击球高度时，右脚蹬地转髋，同时右臂向前转动成肘关节朝前并高于肩部，拍头向下。球拍贴背与地面垂直，放松握拍。击球时，在蹬地、转体收腹的协调用力下，大臂带动小臂向前上方甩腕，在高点期击球。击球后,手臂顺惯性随挥并收拍至体前,重心顺势向前,右脚自然向前跨出成准备姿势(图 7-19)。

图 7-19

(二)羽毛球技术训练

1. 发球与接发球技术训练

(1)徒手模仿正、反手发球动作训练。

(2)多球训练,两人一组,做发球(发网前球)与接发球训练。交换进行。

(3)方法同上,正手发后场高远球、平高球、平快球,接发球者可根据情况,回击平高球或吊球。

(4)方法同上,正手发网前结合发后场各种球。接发球者,根据来球,回击各种球。

(5)反手发球与接发球多球训练,两人一组,一人反手发网前球,另一人接球可回击网前、推后场以及扑球。交换训练。

2. 击球技术训练

(1)前场击球技术训练

第一,徒手对各种网前技术动作进行模仿练习。

第二,多球练习。两名练习者一组,隔网对面站立,一人抛球,另一人做搓球、推球练习。

第三,方法同上,进行放球、勾球、挑高球练习。

第四,方法同上,做扑球练习。

第五,多球练习。两人一组做行进间上网搓、推、放球练习。

第六,方法同上,做勾对角、挑高球练习。

（2）中场击球技术训练

第一,多做徒手挥拍练习或多球练习。

第二,根据不同的来球进行准备姿势、拍面角度、力量、动作速度的练习。

第三,多做以肘为轴,以前臂带动手腕做小幅度的快速挥拍练习,这样有利于体会击球的时机。

第四,加强对接各种来球的准备姿势移动和手法的练习。

第五,进行握拍的灵活性练习。

（3）后场击球技术训练

第一,徒手模仿高远球及平高球、吊球、杀球技术挥拍动作。

第二,多球练习。两个学练者合作,一人发后场高远球,一人回击后场高远球及直线、斜线平高球练习。轮换进行练习。

第三,方法同上,后场吊直线、斜线,突出吊球练习。

第四,方法同上,后场杀直线、斜线球练习。

第五,固定线路练习,两人一球,对打直线高远球、平高球练习。

第六,方法同上,对打高远球、平高球斜线练习。

第七,方法同上,对打高远球,两拍直线,一拍斜线练习。

第八,方法同上,对打平高球,两拍直线,一拍斜线练习。

第九,方法同上,对打高远球、平高球直斜线综合练习。

第十,多球练习,两个人合作,一人发后场高远球,一人回击吊斜线网前球练习。轮换进行练习。

第三节　其他球类

球类运动项目很多,除了常见的三大球和三小球外,还有传统球类运动、休闲球类运动等,下面就台球与高尔夫球这两种休闲球类运动的技术训练实践进行分析。

一、台球运动训练实践指导

（一）握杆

1.球杆的重心位置

一般来说,球杆的重心位置在杆尾 1/4 ~ 1/3 处。由点向杆尾处移动约 40 厘米,在这段距离内握住球杆是比较合适的。当然,根据主球离库边的距离和需要不同力度出杆等情况,握杆的位置可以偏前或偏后。另外,根据人的高矮和球杆长短的不同,握杆的位置还可以适当调整。

2.握杆方法

利用后手握杆时,手腕要能自由活动,拇指和食指在虎口处轻轻夹握球杆,好像一个吊环,其余三个手指要虚握。出杆击球时,前后摇动手腕,利用腕力将球击出。这样握杆的优点在于保证手指手腕和整个手臂适度放松,有利于手指、手腕和整个手臂在运杆时动作的流畅,感觉出杆触球一刹那间杆头与球的撞击效果,给手指、手腕以及手臂肌肉更丰富的感受。

在握杆时,手指、手腕和整个手臂应适当放松,这有利于手指、手腕和整个手臂在运杆时的流畅,充分地感受出杆触击球一刹那杆头与球的撞击效果,有利于掌握技术动作。

（二）身体姿势

在击球时,击球方向是由站位和身体位置来决定的,保持正确的身体姿势有助于准确完成击球动作。因此,学习和掌握正确的身体姿势是台球学练的关键。

1.站立

右手按照要求握好球杆,面向球台上要打的主球方向站好,平握球杆,指向主球并与主球的行进方向成一直线。杆头离主球10～20厘米。右手拇指和裤子侧缝线对齐。

2. 身体姿势

脚的位置：身体站立的位置确定后,握杆的右手原位不动,左脚开立约同肩宽,两脚平行开立,或左脚稍向前移半个脚的距离。左膝稍微弯曲,右腿直立,并保持右脚的位置在握杆手的内侧,右脚尖自然向前,左脚尖可以向前也可以稍向外侧。

躯干姿势：在台球比赛中,大多数情况下采取平视瞄准击球姿势,用握手支撑式的手支架。上身向前平伸,与台面靠近,头略抬起,下颌几乎与球杆相贴,两眼向前平视,顺着球杆方向瞄视。

面部位置：在击球时,还需要保持正确的面部姿势,具体做法为：在瞄准时将下颌对准球杆中轴线,两眼水平向前平视,这样面部中心(包括鼻子、嘴和下颌)便都能与球杆和右后臂进入同一个垂直平面。

（三）瞄准

击球前,掌握正确的瞄准方法,确定好瞄准点是击出好球的前提条件。

瞄准要眼睛、主球、目标球三点成一线。球杆随着眼睛转,因此实际击球时,球杆、主球、目标球三点在同一直线上。瞄准点在进袋直线上,具体是在距目标球后一个球半径长度的点位上。瞄准点与目标球的中心连线看上去好像是目标球长了个小尾巴,所以直接找点法又被形象地称为"看尾巴"。

（四）架杆

架杆就是用手给球杆一个稳定支撑,并对杆头在主球的击球点进行调节的姿势。架杆是打好球的一个重要环节。基本架杆方法有两种,一种是用手架杆；另一种是用杆架来架杆。下面主要分析前一种。

目前手架杆有两种比较流行的方法：一种是平卧式手架杆；另一种是环扣式手架杆。

1. 平卧式手架杆

先将手掌自然平放在台面上，掌心向下，五指自然分开，食指稍微向外侧移动，拇指翘起后用其第二指关节贴住食指根部，使拇指和食指之间形成一个凹槽，使球杆可以平稳地放在其中并自如运动。

在用平卧式手架杆时，手的支撑主要在食指、拇指及掌内外侧及掌跟部位。在平时练习中，要不时地检查架杆手的支撑部位是否全部紧贴台面。防止手掌向任何一侧翻起，影响支撑的稳定性。需要注意的是，运用该架杆方式，应注意架杆手的掌根、小拇指、食指以及拇指处的大鱼际部位要充分地贴住台面，切勿使架杆向左侧或右侧翻起，以确保架杆的稳定。

2. 环扣式手架杆

手掌放在台面，指尖略微内收。中指、无名指和小指微向内弯曲，其指外侧及掌外侧和掌根形成支撑点。拇指和食指扣成一个环，并与穿进其间的球杆形成直角。用中指和拇指来保持球杆前后运动时的稳定。运用该架杆方式时，指尖微向内弯曲，用拇指和食指扣成一个指环，并与球杆成直角，和中指、无名指、小指构成稳定支撑。

（五）击球

1. 运杆

运杆的目的是提高击球的准确性。在确定击打主球的部位后，最好试着做几次往返进退杆的运杆动作。运杆要求身体保持稳定，持杆后摆的幅度大小取决于所需要的击球力量和杆头与主球间的距离，后摆动作要做到稳和慢，出杆前控制好杆的平稳。

2. 出杆击球

出杆击球是台球击球动作结构中最关键的一个环节,它决定着击球的效果。出杆击球是在后摆、停顿后所完成的动作。以弯曲的肘关节为轴,前臂像钟摆一样,在这个固定轴上做前后摆动,通过手指和手腕在拉杆和出杆时的调节动作,使球杆在运行中保持水平状态。肩部不要附加力量,大臂也应固定不动。在触击球瞬间,根据击球的要求,注意手腕力量使用的控制,避免由于过分抖动手腕造成击球不准确。出杆时,肩部和身体不要用力,出杆动作要果断、清晰,即使是打个轻缓的球。

3. 随势跟进

击球后球杆要随势跟进,主要是为了保证击球力量充分作用在主球上并保持击球动作的协调连贯。

4. 击球

(1)直线球

直线球是击球入袋的最基本的形式之一。主球的中心击球点、目标球的撞点和袋口的中心点在一条直线上;当主球中心点受到球杆的撞击,并撞击目标球的中心撞击点时,目标球便会直落球袋。

(2)偏击球

偏击球指主球撞击目标球的侧面。由于主球撞击目标侧面的程度不同,又可分为厚球、薄球。厚球指主球撞击目标球的撞击点在目标球球体 1/2 以上,薄球指主球撞击目标球的撞击点在目标球球体 1/2 以下。在打目标球的厚薄时,其瞄准点是目标球击球点向外一个球半径处与主球中心点纵向运动方向延长线的交点。

二、高尔夫球训练实践指导

（一）握杆

高尔夫球运动中,球员正确的握杆有利于手臂发力,控制击球力量的大小和球的飞行方向。握杆是最基本的动作,常见握杆技术方法主要有以下几种。

1. 重叠式

重叠式握法在现代高尔夫球比赛中的运用较为普遍。

左手:手掌贴于球杆握柄处,手背正对目标,使球杆握柄从食指的第二关节起斜向通过掌心。以小指、无名指和中指将球杆握在小鱼际和小拇指指根间,食指自然收拢握住球杆。拇指沿球杆握柄纵长自然伸出,压按在握柄正中稍偏右侧,拇指与食指指根形成"V"形。

右手:手掌张开,掌心正朝向目标方向,紧贴在球杆握柄的右侧方,使握杆的纵长从食指第二关节开始通过中指与无名指指根,小指勾搭在左手的食指与中指间隙上,手指收拢,握住球杆,食指成钩状弯曲,大鱼际包在左手拇指上,拇指与食指指根形成"V"形。

2. 互锁式

互锁式握法主要用于手掌较小或力量较差的女球手。左手手型同重叠式。握杆时,右手的小指插入左手食指与中指之间,与左手食指勾锁在一起。其特点是两手连锁在一起,容易产生一体感,且有利于发挥右手力量。

3. 十指法

十指握法较适合于手掌较小、力量差者,高龄及女球手。两手手掌相向,但不重叠,用十指握住球杆,类似棒球握棒方法。右手的小指与左手的食指相贴。该方法握杆,球手能很好地利用右手手臂力量。但由于左右手无任何交叉和勾搭,不易保证双手的一体性,不利于保证球的方向性。

（二）击球准备

1.脚位

脚位是指球手准备击球时两脚的站立位置,具体有以下三种。

（1）正脚位。球手两脚尖连线与准备击球路线平行。全力击球时,无论使用哪一种球杆,均可采用正脚位(图7-20)。

图 7-20

（2）开脚位。球手左脚略后于右脚,多适用于短铁杆击高球或有意打右曲球的情况(图7-21)。

图 7-21

（3）闭脚位。球手右脚略后于左脚,两脚脚尖的连线朝向目标的右侧,多适用于木杆开球、在球道上击远球或有意打左曲球(图7-22)。这种站位,引杆时左肩能够充分向内回旋,但容易造成由外向内的挥杆轨迹,产生左曲球。同时,对下挥杆击球时身体的回旋也不利。

图 7-22

初学者在练习击球准备姿势时,要注意可选用正脚位作为练习的开端,脚位是击球技术的基础,而正脚位相对容易掌握,使动作协调规范,为将来的提高打下一个好的基础。不要轻易尝试开脚位和闭脚位。另外,还要注意脚位与球的飞行路线要平行。

2. 球位

球位是指球手在做好准备击球姿势时,高尔夫球被击出前所处的位置。脚位与球杆、球位的关系为:球手握好球杆站在击球位置上,左脚固定不动,球位放在靠近左脚的位置,球杆越短,双脚之间的距离越窄,离球也越近。

3. 身体姿势

将球杆握好,双手自然前伸,球杆底部轻轻着地,两脚分开约同肩宽,身体重心落在两脚上。上体稍前倾,挺直背部。头自然略向下俯视,以恰好看到杆头为宜。双膝弯曲,稍屈髋,身体侧向目标方向。

练习时,要时刻注意身体各部位的姿势,如双脚趾端、两膝以及两肩之间的连线都尽量与球的飞行路线保持平行,时刻保持身体的基本姿势稳定。

(三)瞄准

杆面正对目标,然后根据杆面的位置调整身体、站位以及其他各部分的位置。

正确的瞄准姿势是：球手站在球后，两脚尖的连线要与球和目标的连线平行，双臂平行伸出，右臂、球在一条直线上。球和目标在一条直线上（即目标方向线），把一支球杆放在地上标出目标线的方向，将手中球杆的击球面对准球。

（四）挥杆击球

1. 引杆

保持挥杆时身体纵轴的稳定，像卷线轴一样平稳扭转身体，手臂动作舒展、缓慢。在引杆动作最后，有一个制动，"制动点"正是引杆结束进入下挥杆的分界线。

（1）后引。杆面瞄准球的后方，保持两臂与肩成三角形，向球正后方引杆 30 厘米左右，头和肩保持不动。体重由左向右移动，同时上体向右后充分转动，使身体形成扭转拉紧状态。后引动作结束时，有的球手右腿较直，身体重心略高；有的球手右腿弯曲，身体重心较低，这要根据球手的特点而定。

（2）上挥。整体来看，后引和上挥动作是连贯进行的，二者之间无明显的停顿。上挥时，继续保持肩与两臂成三角形，左肩右转，以杆头带动两臂；左臂伸直，右上臂固定，右腋夹住。头颈部与脊柱保持一体，两眼注视球，下颌抬起稍向右倾，左肩最终旋转至下颌的下方。胸部几乎对着目标相反方向，左肘关节微屈，右肘屈曲到最大限度。重心从两脚间移到右脚外侧，右膝伸直，左膝向右屈，左脚跟稍离地面，手腕弯曲，握牢球杆。球杆的杆身基本与地面平行。上挥球杆达到最高点时，背部朝向目标。

2. 下挥杆

重心移到左脚，左腿用力支撑，为右腿的蹬地送髋创造条件。随着手臂向下挥杆，臀部要快节奏地转向上挥前准备击球时的姿势，借助臀部旋转产生的力量带动手臂来增加击球的力量。此时右腿的用力推动了髋部的移动，髋部的移动和领先又拉紧了右大腿的内收肌群和股四头肌,使之更有效地推动髋部;腰部做向击球准备时的状态复原的扭转;左肩也在下肢及腰部的作用下自然向左转动,带动在引杆上挥时被拉伸的左臂作为杠杆向下拉引球杆,在身体重心转移到左脚的同时,右肘应到达右髋处,将杆头留在后面。

3. 击球

挥杆击球是球杆杆头通过球,而不是打向球。下挥时,保持手腕的弯曲状态,在离球 30 厘米的击球区突然甩腕。恰好在两臂处于击球准备姿势时,球杆的杆头以最快的速度到达挥杆轨迹的最低点——球的位置,杆头面触球的瞬间产生的极大冲击力将球击出。击球时尽可能击中甜蜜点。击球过程中注意头部应保持固定不动,眼睛注视球。击球时,必须击在球背的正中部位,球才能向正前方飞去。如果击球的顶部,球将被击到地下,出现地滚球;击到球背侧面,球将飞向球道两侧某一方。

4. 顺摆动作

受惯性作用的影响,触球后球杆一定会顺势挥动。触球后,身体重心逐步过渡到完全由左腿支撑,右踵提起,右膝向左膝靠拢,在右脚的推动下,腰部继续向左转动。身体仍绕轴心转动,在杆头的带动下,右臂逐渐伸直,右肩逐渐对准击出球的方向。杆头向目标方向大幅度挥出。整个过程中,保持头部不动,目视前方。

5. 结束动作

做顺摆动作的同时,右臂继续带动右肩向下颌下方转动,杆头向左后上方运动;右臂保持伸直,左腋夹住。左臂肘部随着右臂的向上运动而向上弯曲,腰和肩向左转动,身体重量全部由左腿承担,左膝保持固定,左足支撑体重由足内侧向足跟部外侧转移。在臂到达右肩平直高度时,头部才随着转动轴转向目标方向,两眼注视飞行中的球。

在练习击球时要注意,首先要找准转动轴。高尔夫球是利用离心力来击球的,所以击球动作的转动轴就是人身体的背部;另外要求动作要自然、连贯,练习时不要过多地考虑引杆的顶点,否则会影响动作的连贯性,使动作不协调或停顿,进而造成击球失误;更要切忌身体摆动,身体摆动会减弱转动的速度,从而降低击球的力度。

（五）推杆

两脚开立,重心置于两脚之间,两腿微屈,轻微向前突出膝盖;弯腰,让肩、手臂和双手整体运动;头部保持不动,身体避免下意识地抬高,在击球过程中推击弧线要与击球后的杆头离地面有一样的距离,匀速推杆,将球击出。

第八章　其他运动项目训练实践指导

运动训练是一个枯燥的过程,合理选择运动项目对于训练过程的顺利开展和良好训练效果的获得具有重要作用。健美操和游泳运动是当前深受大众欢迎的健身娱乐休闲运动项目,具有健身、美体、塑形等多元化的运动价值,而传统武术是我国优秀体育文化的瑰宝,具有广泛的群众基础,是一项老少皆宜的运动项目。本章主要就健美操、游泳、传统武术的基本技术训练方法进行详细阐述,以为运动者提供科学的训练实践指导。

第一节　健美操

一、上肢动作训练

健美操上肢动作训练包括基本手型训练和常用上肢动作训练。通过上肢动作的训练,不仅能够进一步增强动作变化的多样性,同时,也能使动作的强度和难度发生变化,有助于提高运动效果。

（一）基本手型训练

健美操训练对手型没有非常高的要求,而且要求将注意力放在锻炼大肌肉群上。

（1）并掌:五指并拢伸直,指关节不能弯曲。

（2）开掌:五指用力分开伸直。

（3）立掌：手掌用力上屈，五指指关节自然弯曲。

（4）花掌：在分掌的基础上，从小指依次内旋，形成一个扇面。

（5）一指：拇指与中指、无名指、小指相叠，食指伸直。

（6）剑指：拇指与无名指、小指相叠，中指与食指并拢伸直。

（7）响指：无名指、小指屈，拇指与中指用力摩擦打响。

（8）拳：四长指握拳，拇指第一关节扣在食指与中指第二关节处。

（9）舞蹈手型：引用拉丁、西班牙、芭蕾等手型。

常见健美操手型如图 8-1 所示。

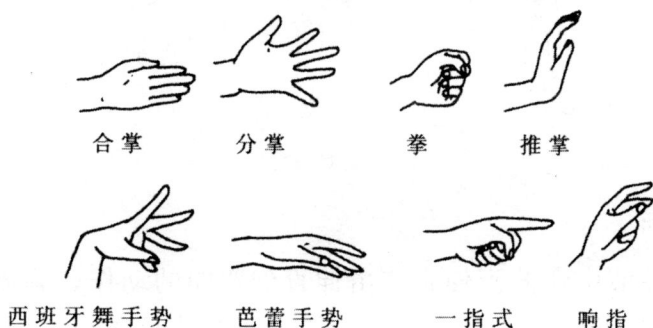

合掌　　　分掌　　　拳　　　推掌

西班牙舞手势　芭蕾手势　一指式　响指

图 8-1

（二）手臂动作训练

手臂动作是非常多样的，正确的手臂姿态能够将整个身体姿态的完善及动作的艺术风格充分展现出来，因此它有着非常重要的作用。一般来说，手臂的动作主要有屈伸、举、摆、绕、振、绕环等。具体介绍以下几种。

1. 举

以肩关节为中心，手臂进行活动。注意动作到位，有力度，可前举、后举、侧举、侧上举、侧下举、上举（图 8-2）。

图 8-2

2. 屈

肘关节由弯曲到伸直或由伸直到弯曲的动作。关节做有弹性的屈伸,可肩侧屈、肩侧上屈、胸前上屈、头后屈等(图 8-3)。

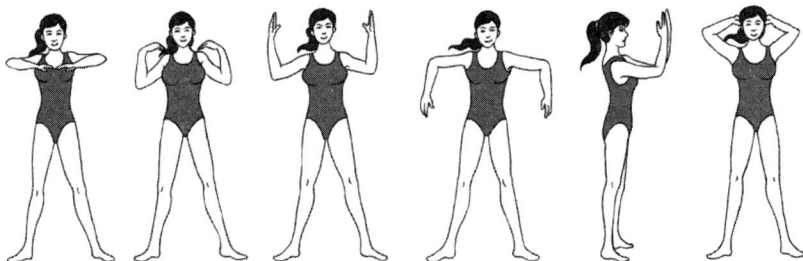

图 8-3

3. 绕、绕环

两臂或单臂以肩为轴做弧线运动(两臂或单臂向内、外、前、后绕或环绕)。要求路线清晰,起始和结束动作位置明确(图 8-4)。

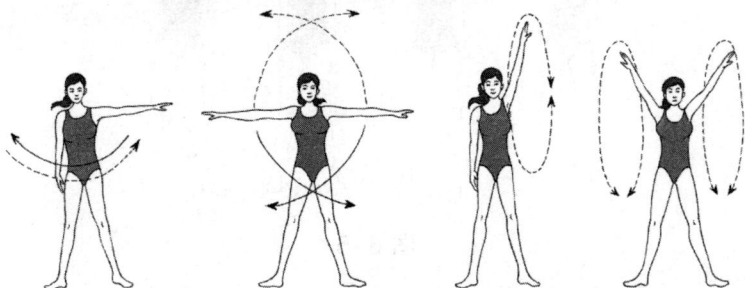

图 8-4

二、躯干动作训练

在健美操运动中,躯干部位也有着非常重要的作用,主要表现为稳定身体,因此,要重点对肌肉力量的平衡进行训练。下面就对不同部位的动作训练进行分析和阐述。

（一）头、颈部动作训练

头、颈部是人体最重要的组成部分,使头颈部动作的训练进一步加强,能够起到收紧肌肉,减少脂肪的堆积,增强颈椎间韧带的弹性,提高头颈的灵活性,促进脑部的血液循环,并可预防颈部骨质增生疾病的发生等重要作用。头部动作的方向主要是前、后、左、右四个方向。基本动作包括屈、转、环绕。

1. 屈

身体正直,头部向前、后、左、右 4 个方向分别做颈部关节弯曲的运动(图 8-5)。做动作时应缓慢,充分伸展颈部肌肉。

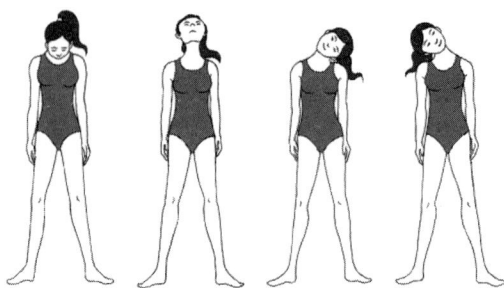

图 8-5

2. 转

头保持正直,然后头颈部沿身体垂直轴向左、右转动 90°（图 8-6）。注意下颌平稳地左右转动。

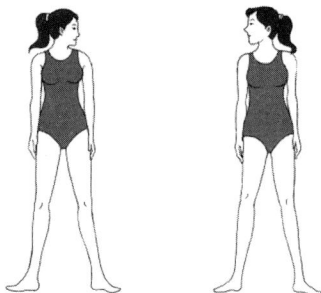

图 8-6

3. 绕环

头保持正直,然后头颈部沿身体垂直轴向左或右转动 360°（图 8-7）。转动时,头部要匀速缓慢,不要过快。

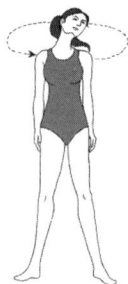

图 8-7

（二）胸部动作训练

胸部动作训练的方法主要有以下几种。

1. 移胸

髋部位置固定,腰腹随胸部左右移动。

2. 含胸、挺胸

含胸时低头收腹,收肩,形成背弓,呼气;挺胸时,抬头挺胸,展肩,吸气(图 8-8)。

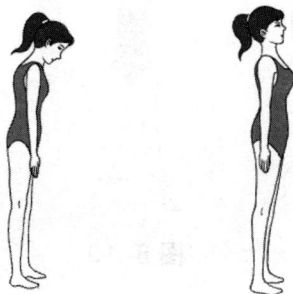

图 8-8

3. 仰卧胸部

跪撑在垫上,背伸弓腰、低头成预备姿势。为了保证训练效果,需要注意:匀速进行,幅度要大。

第一个 8 拍:1 ~ 4 拍屈肘,背屈塌腰,胸和下颌几乎贴近垫子。向前移动,至伸直手臂。5 ~ 6 拍抬头挺胸。7 ~ 8 拍两腿伸直成俯卧。

第二、三、四个 8 拍同第一个 8 拍。

4. 跪立挺胸

跪坐,上体前屈,两臂前身扶地成预备姿势。为了保证训练效果,需要注意:匀速进行,幅度要大。

第一个 8 拍:1 ~ 4 拍两臂经前举、上举,同时臀部离开脚跟。5 ~ 8 拍上体抬起挺胸后仰,至手掌尽量触地。

第二、三、四个 8 拍同第一个 8 拍。

（三）肩部动作训练

肩部动作的训练方法主要有以下几种。

（1）提肩：肩胛骨做向上的运动（图 8-9）。

（2）沉肩：肩胛骨做向下的运动（图 8-10）。

（3）绕肩：以肩关节为轴做小于 360° 的运动（图 8-11）。

（4）肩绕环：以肩关节为轴做 360° 的圆形运动。

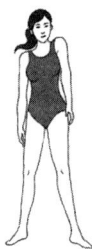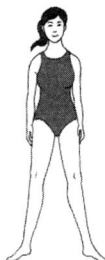

图 8-9   图 8-10   图 8-11

（四）背部动作训练

背部肌肉主要有背阔肌、斜方肌、菱形肌和大圆小圆肌，当其收缩时，可使肩关节外展、下沉。背部动作的训练方法主要有以下两种。

（1）外展：屈臂或直臂做外展动作，通常与臂的内收结合进行。

（2）上举下拉：两臂由侧上举下拉至髋侧。

（五）髋部动作训练

髋部动作的训练方法主要有以下几种。

1. 提髋

两脚自然分开与肩同宽，两臂自然下垂。

第一个 8 拍：1 ~ 2 拍左髋向前侧上提，同时向左前方迈一步，左臂经前向上绕环一周，基本手型，掌心向外。3 ~ 4 拍同

1～2拍动作相同,方向相反。5拍两腿成马步,双手叉腰,同时向前上提髋。6拍手臂及腿不动,向后上提髋。7～8拍同5～6拍的动作。

第二、三、四个8拍同第一个8拍。

2. 顶髋

一侧腿支撑并伸直,另一侧腿屈膝内扣,上体保持正直,用力将髋部顶出。在训练过程中需要注意的是:两脚自然分开与肩同宽,两臂自然下垂;动作要求幅度大。

第一个8拍:1～2拍向左顶髋,同时左臂侧举,撑掌,掌心向前。3～4拍同1～2拍动作相同,方向相反。5拍向左顶髋,同时两臂向内绕至体前交叉,右臂在前,掌心向内。6拍向右顶髋,同时两臂绕至侧上举,掌心向外。7拍向左顶髋,两臂继续向下绕。8拍两臂绕至体侧,掌心相对,右腿收回并于左腿。

第二、三、四个8拍同第一个8拍。

3. 摆髋

两腿微屈并拢,髋部向左、右摆动,有一定的腰部动作的配合。直立,两臂自然下垂。

第一个8拍:1～2拍两腿自然弯曲左转,同时髋向前转,左臂侧举上屈、托掌,右臂侧下举自然弯曲,掌心向后。3～4拍同1～2拍的动作,方向相反。5拍同1～2拍的动作,但左臂侧上举屈肘托掌。6拍同5拍的动作,方向相反。7～8拍同5～6拍的动作。

第二、三、四个8拍同第一个8拍。

4. 绕髋和髋绕环

两脚自然分开与肩同宽,两臂侧举。

第一个8拍:1～4拍两臂上举相握,同时髋部从左向后绕环一周。5～8拍同1～4拍的动作,但方向相反。在做动作时要求幅度大而有力。一般建议初学者最好两腿微屈进行训练,效果较好。

第二、三、四个 8 拍同第一个 8 拍。

三、基本步伐训练

（一）无冲击健美操步伐训练

1. 弓步训练

两腿前后站立,脚尖向前,一腿屈膝,另一腿伸直。弓步训练一般用于力量训练多些,半蹲训练用于有氧操多些。在训练时,注意身体重心在两腿之间,膝踝关节在一条线上。可采用不同的方向、跳跃、转体等方式进行训练。

2. 半蹲训练

两腿左右分开稍大于肩(或与肩同宽),脚尖稍外开,两腿同时屈膝和伸直,注意屈膝不得超过 90°。屈膝时,膝关节与脚尖的方向一致,臀部向后,膝关节不应超过脚尖。可进行并腿半蹲、迈步转体半蹲的训练。

（二）低冲击健美操步伐训练

1. 踏步类动作训练

踏步类动作是两脚交替落地的动作。首先踏步动作是单拍完成的动作,两脚在原地交替抬起和落地。完成时,要求前脚先落地,过渡至全脚,从踝关节、膝关节、髋关节依次缓冲,保持腰腹肌肉收紧。下面就对比较常用的踏步类动作训练方法进行说明。

（1）"一"字步:4 拍完成的动作。两脚依次向前迈一步,并拢,再依次退一步,还原。在训练过程中,需要注意的是:在每次下肢关节落地时,要依次顺势缓冲。

（2）"V"字步:4 拍完成。以右脚为例,右脚向右前迈一步,屈膝缓冲,左脚向左前迈一步成屈膝半蹲,两脚运动轨迹成 V 字形,然后从右脚开始依次退回原位。在训练过程中,需要注意的是:迈出的脚以脚跟落地,过渡至全脚,并注意关节的缓冲及动作的弹性。可加入不同手臂动作。

（3）三步点地:4 拍复合动作。以右脚为例,右脚起向前或向后走三步,左脚点地;然后可接反方向。在训练过程中,需要注意的是:自然走步完成此动作,4 拍时可跳起,可屈肘摆臂或做其他动作。

（4）三步抬膝:4 拍复合动作。以右脚为例,右脚起向前或向后走三步,左腿吸腿;然后可接反方向。训练时,注意自然走步完成此动作,4 拍时可跳起,可屈肘摆臂或做其他动作。

（5）漫巴步(漫步):4 拍完成的动作。以右脚为例,右脚向前或向侧迈一步,屈膝缓冲,重心前移,左脚稍抬起;重心后移,右脚还原,左脚稍抬起。

（6）小漫巴步(小漫步):6 拍完成的动作。以右脚为例,右脚向左前做 1/2 漫步后还原,然后左脚向右前方再做 1/2 漫步还原。在训练过程中,需要注意的是:每一拍落地时的缓冲,手臂动作比较随意,也可做拉丁的动作;可做向后的小漫步动作。

（7）恰恰步:2 拍动作。以右脚为例,右脚迈一步,后半拍左脚在右腿后方快速跟进一步或跳起并步,然后右脚再向前一步。在训练过程中,需要注意的是:要控制节奏。

（8）桑巴步:6 拍完成的动作。以右脚为例,右脚向右踏一步,左脚向右脚后做后 1/2 漫步,然后左脚向左踏一步,右脚向左脚后再做一个后 1/2 漫步。在训练过程中,需要注意的是:每一拍落地时的缓冲,手臂动作比较随意,也可做拉丁的动作;可做向前的桑巴步,还可变换节奏完成。

2.迈步类动作训练

迈步类是指一脚先迈出一步,同时移重心,另一腿做点、抬、并等动作。

（1）并步：2拍完成的动作。以右脚为例，右脚向右侧先迈出一步，左脚前脚掌并于右脚，稍屈膝下蹲；然后接反方向。在训练过程中，需要注意的是：落地时膝部应顺势向下屈膝缓冲，动作过程保持腰腹的稳定。

（2）滑步：2拍完成的动作。以右脚为例，右脚向右侧迈一大步屈膝站立，左脚侧点地滑行至右脚，上体稍侧屈。在训练过程中，需要注意的是：此动作为舞蹈动作，故身体控制及姿态要求较高。保持重心在支撑腿上，上体侧屈并先行引领四肢动作。

（3）交叉步：4拍完成的动作。一腿向侧迈出，另一腿在其后交叉，稍屈膝，随后再向侧一步，另一脚点地并拢，然后可接反方向。在训练过程中，需要注意的是：交叉步是向侧移动的主要步法之一，应尽能力增大完成动作的幅度，落地时膝部应顺势向下屈膝缓冲，动作过程保持腰腹的稳定。

（4）迈步吸腿：2拍完成的动作。一脚向前或向侧迈一步，另一腿屈抬膝至水平，然后还原。在训练过程中，需要注意的是：保持关节的弹性控制，屈膝抬起的腿可根据能力尽量抬高，腹肌收紧，上体稍前倾靠向大腿。

（5）迈步后屈腿：2拍完成的动作。一脚向右侧迈一步，膝稍微屈，另一腿小腿后屈；然后可接反方向。在第一拍迈一步落地时有一个两腿都屈的过程，接着重心应控制在支撑腿上，保持关节的弹动控制；另一腿勾脚后屈，脚跟尽量贴近臀部。

3.点地类动作训练

点地类动作是指一脚稍屈膝站立，一腿向前、侧、后点地，还原。

（1）脚跟前点地：2拍完成的动作。一腿稍屈膝站立，另一腿脚跟前点地，然后还原。重心始终在支撑腿上，保持支撑腿的弹动，腰腹保持稳定。

（2）后点地：2拍完成的动作。一腿稍屈膝站立，另一腿尖向前点地，然后还原。同侧点地。

（3）侧点地：2拍完成的动作。以左脚为例,右腿稍屈膝站立,左腿脚尖右侧点地,然后还原。在训练过程中,需要注意的是:重心始终在支撑腿上,腰腹保持稳定,动力腿尽量远伸,脚面向前。有一定训练的人士,也可将脚跟压向地面成全脚着地,重心在两脚之间。

4.抬起类动作训练

抬起类动作是指一腿支撑地面,另一腿以直腿或屈腿形式向上抬起。常见训练方式方法如下。

（1）吸腿：2拍完成的动作。一腿支撑地面,另一腿屈膝向上抬起,还原。在训练过程中,需要注意的是:要保持支撑腿的弹性缓冲及身体稳定,可吸腿跳起。

（2）踢腿：2拍完成的动作。一腿支撑地面,另一腿向前或向侧弹踢,还原。在训练过程中,需要注意的是:要保持支撑腿及身体稳定,弹踢时关节不要强直。

（3）摆腿：2拍完成的动作。一腿支撑地面,另一腿向前或向侧摆腿,还原。在训练过程中,需要注意的是:要保持支撑腿及身体稳定,动力腿应根据个人情况调整踢腿高度。一般来说,在健美操中踢腿超过水平的情况是不建议的。

（三）高冲击健美操步伐训练

1.迈步跳起训练

迈步跳起类要求一腿迈出,重心移动,跳起单脚或双脚落地。低冲击动作都可以高冲击形式完成,常见训练方法如下。

（1）上步吸腿跳：右脚迈一步同时蹬地起跳,另一腿吸起,单脚落地。在训练过程中,需要注意的是:要单脚起跳,单脚落地,落地经屈膝缓冲,空中保持身体肌肉适度紧张。

（2）并步跳：以右脚为例,右脚迈一步同时蹬地起跳,左脚并于右脚,两脚同时落地。在训练过程中,需要注意的是:单脚起跳,双脚落地,空中保持身体肌肉适度紧张,落地经屈膝缓冲。

2. 单腿起跳训练

单腿起跳类动作过程中先抬、屈、摆起一条腿,另一腿跳起的动作。常见训练方式方法如下。

(1)踏步:一脚向前或向侧迈步蹬地跳起,另一腿侧举或后举。在训练过程中,需要注意的是:单腿起跳,单腿落地,落地经屈膝缓冲,空中保持身体姿态。

(2)小马跳:右脚跳起,左脚蹬离地面跳起向侧跳一小步,右、左脚依次落地并交换腿小跳,至右脚站立、左脚前脚掌点地。在训练过程中,需要注意的是:单脚起跳,依次落地。

(3)弹踢腿跳:2拍完成的动作。右脚抬起后屈,左脚起跳同时将右膝伸直向前(侧、后)踢出,然后右脚落地的同时左腿后屈,接反方向或下一个动作。在训练过程中,需要注意的是:弹踢腿时大腿先发力,再小腿弹踢,膝关节不要强直,要有控制地向前下方伸。

(4)钟摆跳:右脚直腿向侧摆起同时左脚起跳,下落时右脚着地的同时左腿摆起,两腿像钟摆一样来回摆动。在训练过程中,需要注意的是:运动关节在髋关节,腿部肌肉收紧,不跳时注意保持身体稳定及腰腹肌肉的紧张。

(5)后踢腿跑:两脚经过腾空后,一脚落地,另一腿小腿后屈,然后依次交替进行。在训练过程中,需要注意的是:单腿起跳,单腿落地,落地经屈膝缓冲,空中保持身体姿态。

3. 双腿起跳训练

(1)弓步跳:两腿并拢起跳落成一腿在前一腿在后的弓步或半侧面的弓步。在训练过程中,需要注意的是:双脚起跳,双脚落地,落地时成弓步,重心稍偏前,缓冲主要靠前腿的膝、踝和后腿的踝关节完成,保持身体稳定及肌肉适度紧张。

(2)并腿纵跳:两腿并拢,稍屈曲起跳,腾空时,两腿伸直,两脚同时下落。在训练过程中,需要注意的是:在训练时,双脚起跳,双脚落地,落地经屈膝缓冲,空中保持身体肌肉适度紧张。

（3）开合跳：两腿并拢屈膝向上跳起，落地成开立，然后再向上跳起，两腿并拢还原落地。在训练过程中，需要注意的是：双脚起跳，双脚落地，落地时两脚尖稍外开，向脚尖方向屈膝缓冲，空中保持身体稳定及肌肉适度紧张。

4.点跳动作训练

一脚小跳一次、垫步一次，另一腿随之并于主力腿，并点跳一次。在训练过程中，需要注意的是：两脚轻落地，可向不同的方向进行点跳训练二到四个八拍的训练。

5.慢跑动作训练

两腿依次经过腾空后，一条腿落地缓冲，另一条腿后屈或抬膝。在训练过程中，需要注意的是：落地屈膝缓冲，足跟要着地。可分别进行二到四个八拍的原地、向前后、转体、弧线跑训练。

第二节　游泳

一、蛙泳

蛙泳是模仿青蛙游泳动作的一种姿势。蛙泳时，头露出水面或浸在水里，抬头就可吸气，呼吸方便，省力持久，而且在游进中声音小、易观察、可负重，是实用性较强的游泳方式。

（一）身体姿势

俯卧水中，两臂前伸并拢，稍抬头，前额齐水面，稍挺胸，略收腹，腿伸直成流线型。身体纵轴与前进方向约成5°～10°角（图8-12）。

图 8-12

（二）腿部动作

蛙泳腿部动作包括收腿、翻脚、蹬夹水和滑行四个连贯动作。

（1）收腿：收腿是为了给翻脚、蹬夹水创造有利的位置，同时既要减少阻力，又要考虑到手腿配合因素的需要。开始收腿时，两腿随着吸气的动作自然放下，同时两膝自然逐渐分开，小腿向前回收，回收时两脚放松，脚跟向臀部靠拢，边收边分。收腿时力量要小，两脚和小腿回收时要收在大腿的投影截面内，以减少回收时的阻力。收腿结束后，大腿躯干呈120°～140°角，两膝内侧大约与髋关节同宽。大腿与小腿之间的角度为40°～45°角，并使小腿尽量呈垂直姿势，这样能为翻脚、蹬夹水做好有利的准备。

（2）翻脚：翻脚是为了创造有利蹬夹水的动作，直接影响蹬夹水效果。实际上翻脚是收腿的继续、蹬夹水的开始。在收腿靠近臀部时，两膝内压，小腿外移，紧接着两脚外翻，使脚和小腿内侧对好蹬水方向。要求在收腿未结束之前开始翻脚，在蹬腿开始时完成。

（3）蹬夹水：蹬夹水应由大腿发力，先伸髋关节，这样使小腿保持尽量垂直对水的有利部位，向后做蹬夹水的动作，其次是伸膝关节和踝关节。

（4）滑行：紧接着鞭状蹬夹水动作，两腿并拢伸直借助惯性向前滑行，身体成俯卧姿势，腿部放松为收腿做准备。

（三）双臂动作

标准的蛙泳手臂动作中,手的划水路线近似于两个相对的"桃心形"。即两手从"桃心"的尖顶开始,不停顿地划动一周回到尖顶(图 8-13)。蛙泳臂部动作可分成开始姿势、抓水、划水、收手和伸臂五个部分。

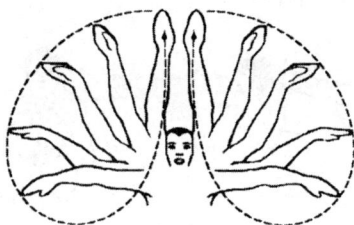

图 8-13

（1）开始姿势:两臂前伸,拇指相靠,掌心向下,身体保持流线型姿势(图 8-14)。

图 8-14

（2）抓水:抓水是划水的准备阶段,抓水动作紧接滑行,肩前伸,两臂内旋滑下,稍勾手,两臂分开向侧下方压水。抓水结束时,两臂分成约 30° ～ 40°,两臂与水平面约 15° ～ 20° (图 8-15)。

图 8-15

（3）划水:紧接着抓水动作,两臂积极地做向侧、向下、向后方向屈臂划水。整个划水过程应保持快速有力。划水时前臂与上臂的角度是不断变化的,在主要划水阶段约为 90° (图 8-16)。

图 8-16

（4）收手：收手当臂划至肩下方时，手臂向外旋转，两手同时向胸前、向内快速运动（图 8-17）。

图 8-17

（5）伸臂：伸臂是由伸直肘关节和肩前伸来完成的，掌心由收手时的向内逐渐向下方，两臂同时向前伸出，两手拇指并拢（图8-18）。

图 8-18

（四）完整配合

蛙泳配合技术通常采用1次腿、1次臂、1次呼吸（1∶1∶1）配合技术。游蛙泳时，两腿自然伸直，手滑下时开始收腿，收手时抬头吸气，两臂前移时，两脚向后蹬夹水。初学者注重蹬夹后的滑行是十分重要的。运动实践表明，只有在带滑行的从容游进中，才能掌握配合技术的要领，形成正确的动作节奏。

二、爬泳

爬泳的名称来自它的动作外观特征。游爬泳时，身体俯卧水面，两腿上下交替打水，两臂轮流向后划水，动作像爬行。因此，称之为爬泳。爬泳是各种游泳姿势中速度最快的一种姿势。在自由游泳项目的比赛中,运动员都采用这种姿势,故也称"自由泳"。

（一）身体姿势

为了取得更好的动作效果,身体要尽量保持俯卧的水平姿势,头部应自然稍抬,两眼注视前下方,头的 1/3 露出水面,水平面接近发际,双腿处于最低点,身体纵轴与水平面约成3°～5°的仰角(图 8-19)。爬泳时,身体可以围绕身体纵轴做有节奏的转动,转动的角度一般为 35°～45°之间(图 8-20)。

图 8-19

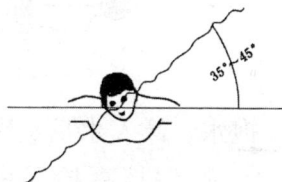

图 8-20

（二）腿部动作

爬泳时,腿的打水动作主要是保持身体平衡,增加身体浮力,配合两臂的划水动作。腿打水时,以髋关节为支点,由髋部和大腿肌肉发力,带动小腿和脚的鞭状上下打水动作。向下打水时,膝关节微屈,脚稍向内旋,踝关节自然伸展,打水动作由屈膝到伸膝。向上打水时,膝关节伸直,踝关节放松,打水动作由腿的伸直到屈膝（160°左右）,两脚间上下距离约 30～40 厘米(图 8-21)。

图 8-21

（三）臂部动作

爬泳的臂部动作是推动身体前进的主要动力。一个周期分为入水、抱水、划水、出水和空中移臂五个不可分割的阶段。

（1）入水：手臂的入水点一般在肩的延长线或身体纵轴与肩的延长线之间（图8-22）。入水时手指自然伸直并拢，肘部高于手，指尖对着入水的前下方或通过臂的内旋而使手掌向外，拇指向下，切入水中。

图 8-22

（2）抱水：臂入水后，手掌从向斜外下方转向斜内后方并开始屈腕、屈肘，保持高抬肘姿势。抱水时，以便能迅速过渡到较好的划水位置。抱水结束，手掌已经接近垂直对水，肘关节屈成150°左右，整个手臂像抱着个圆球似的为划水做准备。

（3）划水：划水是指手臂在划水前与水平面成40°角起，至划水后与水平面成15°～20°角止的这一动作过程。整个划水过程，肩之前称为拉水，肩之后称为推水。拉水是由直臂到屈臂的过程，推水是由屈臂到直臂的过程。从拉水到推水是连贯加速完成的。在划水过程中要注意手掌始终与水平保持垂直，划水时手的轨迹呈"S"形。

（4）出水：划水结束后，利用肩带肌肉的力量，由肩带动前臂、肘向外上方提拉出水面。要求臂和手腕的肌肉要放松。

（5）移臂：臂出水后，在肩的转动下，带动整个手臂向前移动，移臂时仍保持高肘屈臂的姿势。整个移臂的前半部分肘关节领先，前臂和手的动作较慢，移臂完成一半时，手和前臂赶上肘部，并逐渐向前伸出，掌心也从后上方转向前下方，做好入水准备动作。

（四）完整配合

爬泳时，一般是在两臂各划水一次的过程中进行一次呼吸，以向右边吸气为例，右手入水后，嘴和鼻开始慢慢呼气。右臂划水至肩下，开始向后侧／转头和增大呼气量。右臂推水即将结束，则用力呼气。右臂出水时，张嘴吸气，至空中移臂的前半部为止，并开始转头还原。然后直到臂入水结束，有一个短暂的闭气过程，脸部转向前下。头部稳定时，右臂入水，再开始下一个慢慢呼气的过程。

三、仰泳

仰泳是身体较水平的仰卧于水中，依靠两腿不停地上下交替向后方踢水，两臂轮流向后划水而游进的。仰泳动作结构基本与爬泳相同，但卧水姿势与爬泳相反，因而得名仰泳，也叫"爬式仰泳"。在水中拖运较轻的物体、水中救人或长游时通常都采用仰泳。

（一）身体姿势

仰泳时身体几乎水平地仰卧在水中，胸部自然伸展，与腹部成一直线，使身体纵轴与水平面构成 10° 角，从而减小游进时的截面阻力。髋关节微屈，两腿较平地伸延在后面，后脑浸入水中，颈部肌肉放松，脸部露出水面，眼看向斜后方，不要左右摇摆，以免影响游进的直线型（图 8-23）。

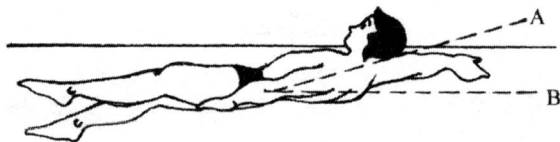

图 8-23

（二）腿部动作

（1）下压动作。在整个腿下压动作中,前 2/3 由于水的阻力,使膝关节充分展开,腿部肌肉放松。当大腿下压到一定程度,由于腹肌和腰肌的控制,停止向下,而过渡到向上移动,由于惯性的作用,小腿仍然继续向下,造成膝关节弯曲,所以在腿下压的后 1/3 是屈腿的。随着惯性的逐渐减弱和大腿的带动,小腿也开始向上移动,但此时脚仍然继续向下,直到惯性消失,大腿、小腿和脚一次结束向下的动作,构成向下"鞭打"的动作。下压的动作因为不产生推进力,因此相对地要求速度不要太快,并且腿部各关节要自然放松

（2）上踢动作。当腿部动作下压结束时,大、小腿弯曲到最大程度,小腿和脚对水面较大。上踢动作的开始,就需要用脚打的力量和速度来进行,并逐渐加大到最大力量和速度。当大腿向上移动超过水平面就结束向上的动作,此时膝关节接近水面。随后小腿和脚依次结束向上,膝关节充分伸展,构成向下"鞭打"的动作。上踢动作是以大腿带动小腿,小腿带动脚来完成的,且尽量不要使膝关节或脚尖露出水面。上踢时,脚尖应内旋以加大击水面积(图 8-24)。

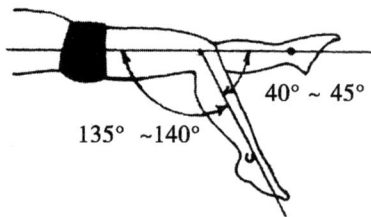

图 8-24

（三）臂部动作

目前在仰泳游泳比赛中,都采用屈臂划水技术。为了便于分析,把一个周期的臂部动作分为入水、抱水、拉水、划水、出水 5 个

环节,它们之间是连贯的。

（1）入水。臂入水时,应借助于移臂动作的惯性,臂部自然放松,入水点应在身体纵轴与肩的延长线之间,或在肩的延长线上。过宽和过窄都会影响速度。臂入水时应保持直臂,肘部不要弯曲,入水时小指向下,拇指向上,掌心向侧后方。手掌与小臂呈150°～160°角。

（2）抱水。手臂入水后,臂下滑到一定深度时直臂向内,往深水处积极抓水,并转腕和肩带内旋,同时开始屈臂,使手掌、上臂和前臂处在最有利的划水位置。完成抱水动作时臂与身体纵轴构成约40°角,肘关节开始弯曲,手掌距水面约30厘米。

（3）拉水。拉水是在臂前伸抱水的基础上进行的。开始时前臂内旋,手掌上移,肘部下降,使曲肘程度加大,手掌和小臂要保持与前进方向垂直。当手掌划至肩侧时,屈臂程度最大,为70°～110°角,手掌接近水面。

（4）划水。划水动作是推进身体前进的主要动力。动作包括拉水和推水两个部分,整个动作是由屈臂抱水开始,以肩为中心,划至大腿侧下方为止。仰泳划水时,手掌是整个手臂的划水压力中心。手掌对水准确与否,直接影响到划水效果。仰泳划水时手掌的变化比别的姿势大,整个划水手掌走的路线从侧面看是先向下,再向上,再向下,成"S"型。这种积极变换手掌的划水技术,能使手掌始终保持较大的划水面,从而增加推进力。

（5）出水。推水结束后,借助于手掌压水的反弹力迅速提臂出水。出水时手型有多种:其一,手背先出水;其二,大拇指先出水;其三,小拇指先出水。这三种手型各有利弊,相对来说最后一种较好。注意使手臂自然、放松、迅速,并且要先压水后提肩,肩部露出水面后,由肩带动大臂、小臂和手依次出水。

（四）完整配合

两臂配合技术:仰泳两臂的配合是"连接式"的,即当一臂划水结束时,另一臂已入水并开始划水;一臂处于划水的中部,另一臂正处于移臂的一半。在整个臂的动作过程中,两臂几乎都处在完全相反的位置。

臂和呼吸的配合:一般是两次划水一次呼吸,即一臂移臂时开始吸气,其他时候都在慢慢地呼气。在高速游进时也有一次划水一次呼吸的技术,但是呼吸不能过于频繁,以免因呼吸不充分造成动作紊乱。

臂腿配合技术:臂在划水过程中,腿的上踢、下压动作要避免身体的过分转动,以保持身体的平衡、协调为原则。

第三节　传统武术

一、手型、手法训练

（一）基本手型训练

1. 拳

传统武术的拳由拳面、拳背、拳眼、拳心、拳轮五部分组成(图8-25)。根据不同的形式可以分为封眼拳、方拳和顶心拳等,拳心朝上(下)为平拳,拳眼朝上(下)为立拳。标准的拳应五指卷拢,握紧为拳。

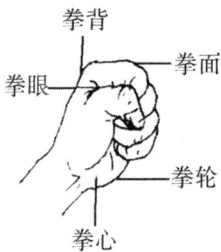
图 8-25

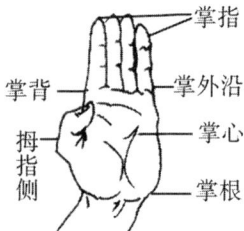
图 8-26

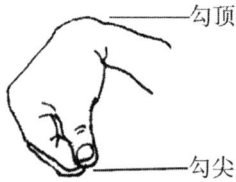
图 8-27

2. 掌

在传统武术中,五指伸直称为掌。拇指弯曲紧扣于虎口处为柳叶掌。拇指外展呈八字掌。大拇指向掌心一侧屈扣,其余四指并拢后张为直立掌;拇指侧在上,小指一侧在下,四指并拢。小臂与掌同在一直线称为柳叶掌。手心向上直掌称仰掌,手心向下直掌为俯掌;侧掌立于胸前或腋前,掌心向异侧方向或倒立于两侧腰间,掌心向前称侧立掌。掌分掌背、掌心、掌指、掌外沿(图8-26)。

3. 勾

将五指撮在一起,腕关节弯曲,亦称勾手。勾由勾尖和勾顶构成(图8-27)。

4. 爪

五指或分开或并拢,指扣屈成爪。立掌背伸,五指弯曲内抓。

(二)基本手法训练

1. 冲拳

上体正直,两脚左右开立,与肩同宽,两拳抱于腰间,肘尖向后,拳心向上。挺胸、收腹、立腰,右拳从腰间向前猛力冲出,转腰、顺肩,在肘关节过腰后右前臂内旋。力达拳面,臂要伸直,高与肩平。同时左肘向后牵拉,目视前方(图8-28)。左右交替训练。

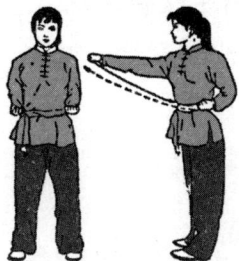 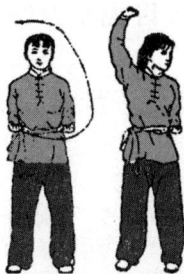

图 8-28　　　　　　　　图 8-29

2. 架拳

上体正直,两脚左右开立,与肩同宽,两拳抱于腰间,肘尖向后,拳心向上。右拳向下、向左、向上经头前向右上方划弧并在右前上方架起,拳眼向下;目视左方(图 8-29)。左右手交替训练。

3. 推掌

上体正直,两脚左右开立,与肩同宽,两拳抱于腰间,肘尖向后,拳心向上。右拳变掌,前臂内旋,并以掌根为力点,向前猛力推出。推击时要转腰、顺肩,臂要伸直,高与肩平,同时左肘向后牵拉;目视前方(图 8-30)。小臂内旋,右掌变拳,拳心向上,以大臂带动小臂,屈肘收回腰间成抱拳,换左推掌练习。

图 8-30　　　　　　图 8-31

4. 亮掌

上体正直,两脚左右开立,与肩同宽,两拳抱于腰间,肘尖向后,拳心向上。右拳变掌,经体侧向右、向上划弧,至头部右前上方时抖腕亮掌,臂成弧形,掌心向上,虎口朝下,头随右手动作转动;亮掌时,目视左方(图 8-31)。左右手交替训练。

二、步型、步法训练

(一)基本步型训练

1. 马步

并步直立抱拳,左脚向左侧一大步(约为本人脚长的 3 倍),

两脚脚尖正对前方,全脚掌着地,屈膝半蹲,膝盖不超过脚尖,大腿接近水平,身体重心落于两腿之间;两手腰间抱拳。双目平视(图8-32)。

图 8-32　　　　　图 8-33

2. 弓步

并步直立抱拳,左脚向前一大步(约为本人脚长的4至5倍),脚尖微内扣,左腿屈膝半蹲,大腿接近水平,膝与脚尖垂直,右腿挺膝伸直,脚尖内扣向右前方,两脚全脚掌着地,上体正对前方;两手抱拳于腰间;目平视(图8-33)。弓右脚为右弓步,弓左脚为左弓步。

3. 虚步

并步直立叉腰,右脚外展45°,屈膝半蹲,左脚提起前移一步,脚跟离地,脚尖稍内扣,虚点地面,膝微屈,重心落于右腿上;两手叉腰;目平视。左脚在前为左虚步,右脚在前为右虚步(图8-34)。

图 8-34　　　　　图 8-35

4. 仆步

并步直立抱拳,右腿向右一大步,屈膝全蹲,大腿和小腿靠紧,臀部接近小腿,全脚掌着地,脚和膝外展,左腿挺直平仆,脚尖内扣,全脚掌着地;两手抱拳于腰间;眼向左平视。仆左腿为左仆步,仆右腿为右仆步(图8-35)。

5. 丁步

并步直立抱拳。两腿屈膝半蹲,右脚全脚掌着地,左脚脚跟提起,脚尖里扣虚点地面,脚面绷直,贴于右脚脚弓处,重心落于右腿上;两手抱拳于腰侧;眼向前平视。左脚尖点地为左丁步,右脚尖点地为右丁步(图8-36)。

图 8-36   图 8-37

6. 歇步

并步直立抱拳。两腿交叉靠拢全蹲,左脚全脚掌着地。脚尖外展,右脚前脚掌着地,膝部贴于前腿外侧,臀部坐于后腿接近脚跟处;两手抱拳于腰间;眼向左前方平视。左脚在前为左歇步,右脚在前为右歇步(图8-37)。

(二)基本步法训练

1. 垫步

两脚前后开立,同肩宽,两手叉腰;后脚离地提起,脚掌向前脚处落步,前脚立即以脚掌蹬地向前上跳起,将位置让于后脚,然后再屈膝提腿向前落步。眼向前平视(图8-38)。

图 8-38

2. 击步

两脚前后开立,同肩宽,两手叉腰;上体前倾,后脚离地提起,前脚随即蹬地前纵。在空中时,后脚向前碰击前脚。落地时,后脚先落,前脚后落。眼向前平视(图 8-39)。

图 8-39

3. 盖步

两脚左右开立,同肩宽,两手叉腰;重心左移,右脚提起,经左脚前向左侧横迈一步,右腿屈膝,脚尖外展;两腿交叉,重心偏于右腿(图 8-40)。左右交替训练。

图 8-40   图 8-41

4.插步

两脚左右开立,与同肩宽,两手叉腰;重心左移,右脚提起,经左脚后向左侧横迈一步,脚前掌着地,两腿交叉,重心偏于左腿(图 8-41)。左右交替训练。

5.弧形步

两脚前后开立,同肩宽,两手叉腰;两腿略屈,两脚迅速连续向侧前方弧形行步。每步大小略比肩宽。双目平视(图 8-42)。

图 8-42

三、腿部动作训练

(一)踢腿训练

踢腿练习可提高腿部的柔韧性和灵活性,常见踢腿动作训练方法主要有以下几种。

1.正踢腿

两脚并立;两手成立掌或握拳,两臂侧平举;左脚向前上半步,左腿支撑,右脚脚尖勾起向额前方猛踢;两眼向前平视(图 8-43)。左右腿交替训练。

2.侧踢腿

两脚并立;两手成立掌或握拳,两臂侧平举;右脚向前上半步,脚尖外展,左脚脚跟稍提起,上体右转 90°;左臂前伸,右臂后举;随即用左脚脚尖勾紧向左耳侧踢起;同时右臂屈肘上举亮掌,左臂屈肘立掌于右肩前或垂于裆前;眼向前平视(图 8-44)。
踢左腿为左侧踢,踢右腿为右侧踢。

图 8-43

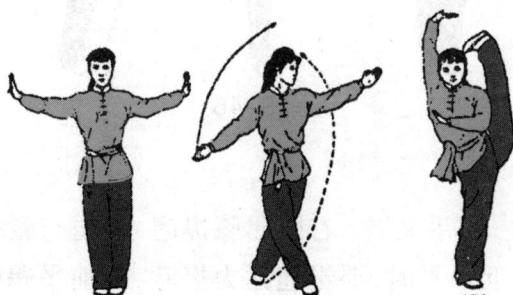

图 8-44

3. 外摆腿

两脚并立;两手成立掌或握拳,两臂侧平举;右脚向右前方
上半步,左脚脚尖勾紧,向右侧上方踢起,经面前向左侧上方外
摆,直腿落在右脚旁;眼向前平视;左掌可在左侧上方击响,也可
不击响(图 8-45)。左右腿交替训练。

图 8-45

4.里合腿

两脚并立；两手成立掌或握拳，两臂侧平举；右脚向右前方上半步，左脚脚尖勾起向里扣并向左侧上方踢起，经面前向右侧上方直腿里合，落于右脚外侧；右手掌可在右侧上方迎击左脚掌（击响），也可不击响；眼向前平视（图8-46）。左右腿交替训练。

图8-46

5.弹腿

两腿并立，两手叉腰；右腿屈膝提起，大腿与腰平，右脚脚面绷直；提膝接近水平时，要迅速猛力挺膝，向前平踢（弹击），力达脚尖，大腿与小腿成一直线，高与腰平，左腿伸直或微屈支撑；两眼平视（图8-47）。

图8-47

图8-48

6.蹬腿

两腿并立，两手叉腰；腿部动作与弹腿同，唯脚尖勾起，力达脚跟（图8-48）。左右腿交替训练。

7.侧踹腿

两脚并立,两手叉腰;两腿左右交叉,右腿在前,稍屈膝。随即右腿伸直支撑,左腿屈膝提起,左脚脚尖内扣,脚跟用力向左侧上方踹出,高与肩平,上体向右侧倒;目视左侧方(图8-49)。左右腿交替训练。

图 8-49

(二)劈腿训练

在传统武术动作练习中,劈腿训练能加大个体髋关节的活动幅度,增进腿部的柔韧性。具体训练方法有以下两种。

1.竖叉

上体正直,两臂侧平举或扶地;两腿前后分开成直线,左腿后侧着地,脚尖朝上,右腿内侧或前侧着地,挺胸、立腰、沉髋、挺膝,两腿成一条直线(图8-50)。

2.横叉

上体正直,两臂侧平举或在体前扶地,两腿左右分开成直线,脚内侧着地或脚尖上翘。挺胸、立腰、展髋、挺膝(图8-51)。

图 8-50　　　　　　　图 8-51

（三）后扫腿训练

两脚并立，两臂垂于体侧；左脚向前上一步，左腿屈膝半蹲，右腿挺膝伸直，成左弓步；同时两掌从两腰侧向前平直推出，掌指朝上，小指一侧朝前，眼看两掌尖（图8-52）；左脚尖内扣，左腿屈膝全蹲，成右仆步姿势；同时上体右转并前俯，两掌随体右转在右腿内侧扶地，右手在前；随着两手撑地、上体向右后拧转的惯性力量，以左脚前掌为轴，右脚贴地向后扫转一周（图8-53）。

图 8-52　　　　　图 8-53

（四）拍脚训练

两脚并立，两手抱拳于腰间。右脚向前一步；同时右拳变掌向后、向右、向上划弧抡摆，左腿伸直向前上踢起，脚面绷平，右掌由体后向前拍击左脚面。左脚向前落地，左拳变掌向下、向后摆，右掌变拳收至腰侧，右腿伸直向前上踢起，脚面绷平，左掌由后向上、向前拍击右脚面。

四、平衡动作训练

平衡是传统武术的主要技术和方法之一，平衡动作有定式和动式之分，这里重点对定式平衡动作的训练进行简要分析。

传统武术的定式平衡动作泛指一腿支撑，另一腿抬离开地面的单脚独立动作，具体训练方法如下。

（一）直立平衡训练

1. 前提膝平衡

以右腿为支撑腿为例,支撑腿直立站稳;另一腿在体前屈膝高提近胸,小腿斜垂里扣,脚面绷平内收（图 8-54）。

图 8-54   图 8-55

2. 侧提膝平衡

以右腿为支撑腿,支撑腿直立站稳,上体正直或侧倾;另一腿在体侧屈膝高提过腰,髋关节外展,小腿斜垂内收,脚面绷平或脚尖勾起（图 8-55）。

3. 前控腿平衡

以右腿为支撑腿,支撑腿直立站稳;另一腿伸直高举于体前,脚高过肩,脚面绷平或脚尖勾起（图 8-56）。

图 8-56   图 8-57   图 8-58

4. 侧控腿平衡

以右腿为支撑腿,支撑腿直立站稳;另一腿伸直高举于体侧,髋关节外展,脚高过肩,脚面绷平或脚尖勾起(图 8-57)。

5.朝天蹬

左腿支撑,支撑腿直立站稳;另一腿用手经体侧上托,脚尖勾起,脚底朝上,高与头平(图 8-58)。

(二)屈蹲平衡训练

1.扣腿平衡

以右腿支撑为例,支撑腿屈膝半蹲;另一腿屈膝外展,脚尖绷平或勾起,踝关节紧扣于支撑腿的膝后腘窝处(图 8-59)。

图 8-59　　　　　　图 8-60

2.盘腿平衡

以右腿为支撑腿,支撑腿屈膝半蹲;另一腿屈膝外展,小腿收提,脚面绷平或脚尖勾起,踝关节盘放在支撑腿的大腿上(图 8-60)。

3.前举腿低势平衡

以右腿为支撑腿,支撑腿屈膝全蹲;另一腿挺膝伸直平举于体前。

4.后插腿低势平衡

以右腿为支撑腿,支撑腿屈膝全蹲;另一腿挺膝伸直,从支撑腿后向侧前方平举,脚尖勾起。

（三）俯身平衡训练

1. 探海平衡

左腿支撑，直立站稳，上体前俯略低于水平；后举脚伸直，高于水平，异侧（或同侧）手臂向前下方探出；同侧（或异侧）手臂向后上举（图 8-61）。

2. 燕式平衡

左腿支撑，直立站稳，上体前俯略高于水平；后举腿伸直，高于水平，双臂分别向两侧平展（图 8-62）。上体下压尽量与地面平行。

图 8-61　　　　　　　　　图 8-62

（四）仰身平衡训练

以右腿为支撑腿，支撑腿伸直或稍屈站稳，上体后仰接近水平；另一腿伸直向体前上方举出，双臂分别向两侧平展（图 8-63）。

（五）望月平衡训练

以右腿为支撑腿，支撑腿伸直或稍屈站稳，上体前倾拧腰向支撑腿同侧方上翻，挺胸、塌腰，转头回视；另一腿在身后向支撑腿的同侧方上举，小腿屈收，脚面绷平，脚底朝上（图 8-64）。头部伴随腿部动作向后转，目平视。

图 8-63

图 8-64

参考文献

[1] 刘金凤. 田径教学与训练 [M]. 成都: 西南交通大学出版社, 2014.

[2] 马良, 柴志铭, 张宝文. 现代田径运动竞技与健身 [M]. 北京: 中国商务出版社, 2007.

[3] 孟国荣, 张华, 李士荣. 基础体能训练方法解析 [M]. 哈尔滨: 哈尔滨地图出版社, 2008.

[4] 王会强, 王虹. 篮球教练员如何制定心理训练计划 [J]. 洛阳师范学院学报, 2010, 29 (05).

[5] 叶巍. 新视角下篮球运动之人才研究 [M]. 长春: 吉林大学出版社, 2013.

[6] 谭成清, 李艳翎. 体能训练 [M]. 长沙: 湖南师范大学出版社, 2012.

[7] 杨世勇, 李遵, 唐照明. 体能训练学 [M]. 成都: 四川科学技术出版社, 2001.

[8] 陈勇, 陈晶. 核心稳定性训练的研究综述 [J]. 宜春学院学报, 2008, 30 (04).

[9] 陈月亮. 现代训练发展趋势及体能训练方法手段概述 [J]. 黄石工学院学报, 2009, 26 (04).

[10] 李丹阳, 胡法信, 胡鑫. 功能性训练: 释义与应用 [J]. 山东体育学院院报, 2011, 27 (10).

[11] 何志林. 足球教学训练工作指南 [M]. 北京: 人民体育出版社, 2010.

[12] 张力维, 毛志雄. 运动心理学 [M]. 上海: 华东师范大学出版社, 2003.

[13] 张良力, 袁运平. 对体能训练的发展趋势与我国竞技体

育体能训练中存在问题的探讨 [J]. 广州体育学院学报,2009,29（04）.

[14] 袁守龙. 现代体能训练发展趋势与对策 [J]. 体育成人教育学刊,2014,30（01）.

[15] 王向宏. 体能训练理论与方法 [M]. 北京：北京航空航天大学出版社,2010.

[16] 孙民治. 篮球运动教程 [M]. 北京：人民体育出版社,2007.

[17] 南仲喜. 身体素质训练指导全书 [M]. 北京：体育大学出版社,2003.

[18] 张建强. 大众体育体能训练理论与实践研究 [M]. 北京：人民出版社,2012.

[19] 王保成,王川. 球类运动员体能训练理论与方法 [M]. 北京：北京体育大学出版社,2005.

[20] 全国体育院校教材委员会. 运动训练学 [M]. 北京：人民体育出版社,2000.

[21] 邹克扬,贾敏. 运动医学 [M]. 北京：北京师范大学出版社,2010.

[22] 廖彦罡. 高校运动训练理论与管理研究 [M]. 北京：中国书籍出版社,2014.

[23] 胡庆华,李建平,卢永森. 高校球类运动体能训练的理论与实践 [M]. 长春：吉林大学出版社,2011.

[24] 邵明虎. 小球教程：乒乓球、羽毛球、网球 [M]. 北京：北京师范大学出版社,2012.

[25] 邱丕相,蔡龙云. 武术 [M]. 北京：人民体育出版社,2014.

[26] 肖林鹏. 体育管理学 [M]. 北京：北京师范大学出版社,2011.

[27] 张先松. 健身健美运动 [M]. 武汉：华中科技大学出版社,2009.

[28] 杨建华. 游泳与救生 [M]. 成都：西南交通大学出版社，2013.

[29] 项正兴. 小球运动 [M]. 长沙：湖南师范大学出版社，2007.